改訂版

ファイナンシャルプランナーが教える

「大阪」ワンルームマンション投資術

毛利英昭

ダイヤモンド社

はじめに

2025年大阪・関西万博開催決定が日本経済活性化の起爆剤に!?

2015年2月、第一弾の『ファイナンシャルプランナーが教える「大阪」ワンルームマンション投資術』が、そして第二弾の『ファイナンシャルプランナーが教える　いま大阪ワンルームマンション投資を始める理由』が2017年1月に上梓されました。

初出版から4年が経ち、大阪の街もみるみる開発が進み、中でもインバウンドの急増によりこの4年間で街の景色も大きく様変わりしてきました。

そして、今回決まった2025年の大阪・関西万博で、大阪だけでなく日本経済活性化の起爆剤として期待されています。

２０２０年の東京オリンピック・パラリンピック開催が決まった２０１３年から２０１８年までの５年間で、東京の地価は平均で約30％も上昇しました。

２０２０年までに天井を打つのではないかと4年前の時からささやかれていましたが、やはり２０１８年から売りが出始め、いよいよ下がりだしたという噂もちらほら耳にするようになりました。

その東京オリンピック・パラリンピック後に、日本の先行きはどうなることかと心配されていた矢先、２０１８年11月23日にパリで開催されたＢＩＥ（博覧会国際事務局）総会で、２０２５年の万博が大阪・関西で開催されることが決定しました。その瞬間、インターネット番組で生中継を観ていたわたしは、松井大阪府知事と吉村大阪市長と同様に思わず大きくガッツポーズをしてしまいました。

これで、開催予定地の夢洲《ゆめしま》（大阪市此花区）には大阪メトロの新駅が開設され、またＩ

R（カジノを含む統合型リゾート）の誘致も大きく前進するでしょう。

2018年は年間訪日客が3000万人を突破し、そのうち大阪には約1100万人が訪れており、これで政府が2030年に目標として掲げる訪日客6000万人という数字も現実味を帯びてくるのではないでしょうか。

これを単純に試算すると、年間訪日客6000万人のうち、4割が大阪に来ると想定すると、大阪には年間2400万人もの訪日客が訪れるという計算になります。

ちなみに橋下徹前大阪市長が就任した2011年の訪日来阪客は約158万人でしたので、2018年時点で約7倍になっています。そして、2030年にさらに倍になると、大阪市内のホテルもレストランもまだまだ足りないことになりそうです。

ここ数年間の地価上昇率も大阪や京都など関西が上位を占め、しかも前年比約30％の上昇をした心斎橋や「グリコの看板」でおなじみの道頓堀界隈をはじめ、今後も大阪観光の代表地いわゆる〝インスタ映え〟するスポットとして、ますます賑わうことでしょう。

また、大阪市内でも特に目立って地価が上がっているのは、数年前まで1000～2000円で泊まれる安い宿が多く、ブルーシートハウスも沢山見受けられた西成区です。その理由は、新今宮駅前にあの星野リゾートがホテル建設をすると決まったからです。関西国際空港からのアクセスが良く、通天閣や二度漬け禁止の串カツ店が立ち並ぶ新世界にほど近く、インバウンドの急増でホテルやゲストハウスそして民泊の人気もあって地価が上昇し、5年前から比べると3倍になったホテル用地もあるといいます。

そして今回、大阪・関西万博が決定したことで、予定地の夢洲のあるベイエリアに注目が集まっています。特に橋を渡った住之江区の咲洲（さきしま）や、港区、そしてUSJのある此花区など、これまでさほど注目されていない土地が一気に注目され始めたことで、今後はこのベイエリアの地価が30％ほど上がってもおかしくはないと推測しています。

そんな魅力があったとしても、わたしどもが取り扱う物件は「大阪中心6区＋新大阪」に絞っています。これからは、今まで以上に北区・中央区・西区といった中心部の新築ワンルームマンションの供給が激減しているので、より空室リスクや家賃の下落リスクは減ります。

特に、夢洲駅が新設される大阪メトロ中央線沿線が人気になるとみています。駅名で言うと、阿波座・本町・堺筋本町・谷町四丁目あたりは、東西だけでなく、南北の線も使えるので、梅田方面やなんば・天王寺方面へも交通の便がいいのと、ＪＲ環状線の中心部なので、ワンルームマンションに入居する若者達は自転車で縦横無尽に大阪市内を行き来できます。

ただ可能性として、わたしが新たにエリアに加えるとしたら、大阪メトロ中央線とＪＲ環状線が使え、ベイエリアに近い弁天町駅周辺の港区でしょうか。今後のベイエリアの開発で就業者人口は大きく増えるでしょうから、それ以外ならむしろ神戸の中心部（三宮〜神戸駅）の方が良いと思っています。

そして、この便利なエリアの人気は今後ますます顕著になり、家賃がじわじわ上がることが予想されます。供給が減り、需要が増えると自ずと物件価格が上がるので、家賃を上げないと収益が上がらず、マンションにするよりビジネスホテルにする方が採算が取れるからです。

現にオフィスの賃料も上がり始めています。東京でもそうだったように、大阪でも万博が決まったことで古いビルの建て替えが増えるでしょう。現在でも、すでに立ち退きの問題も発生してきていますが、ビルのオーナーも相当額の立退料を支払ってでも立ち退きを

整備が検討されている鉄道路線

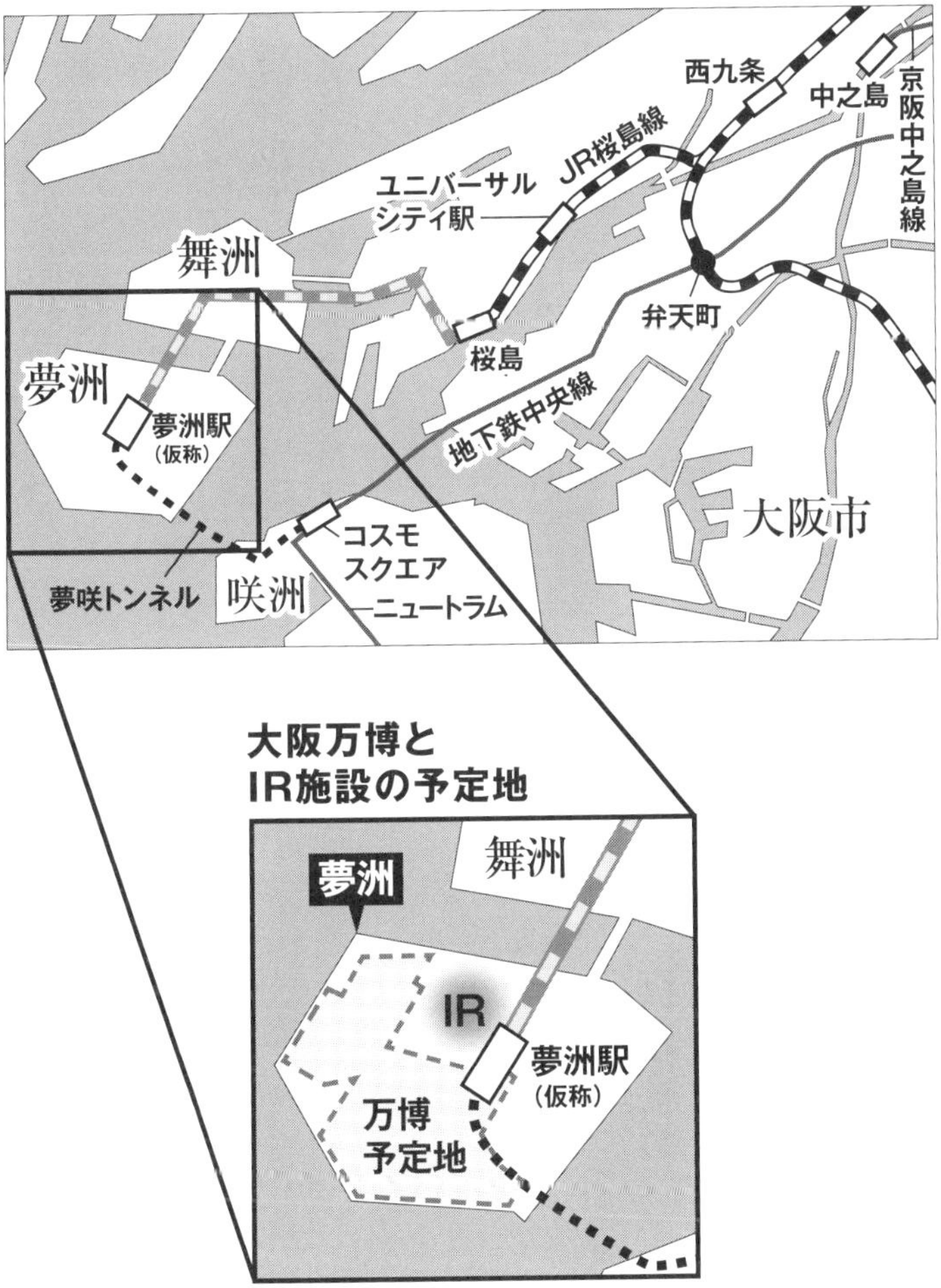

進めています。わたしの親しい飲食店オーナーにも立ち退き話があり、数千万円の立退料が支払われたという話を聞きました。家賃を上げて利回りを良くして転売という動きも見受けられます。

ワンルームマンション投資でプラスアルファの収入と将来の保障づくりを

今、大阪では景気のいい話がいろいろ出ていますが、地価が上昇すると物価の上昇につながるため、それが賃金の上昇に直結する人はいいですが、残念ながらサラリーマンはその恩恵を受けられない人も多いでしょう。そんな人こそが、ワンルームマンション投資をして少しでも手取り収入を増やしたり、将来の保障づくりを始めることが賢明かと思われます。

地価が上がるからキャピタルゲインを狙ってというわけではなく、コツコツとインカムゲインを得ながら、生命保険付きの投資用住宅ローンを利用し、生命保険代わりや、税金対策にも使うことで、手取りの年収をご自身の力で増やすことができるのです。また、2

020年から給与所得控除が一律10万円減り、850万円超の方は195万円が上限となります。つまり、収入が変わらなくても手取りは数万円少なくなってしまいます。

今、銀行の与信枠は年収の10倍ないしはそれ以上まで融資枠があります。サラリーマンであれば勤務先が上場していれば有利ですが、未上場でも年収が400万円を超えれば融資が受けられるようになり、300万円台でも貸してもらえる銀行が出てくるほど、ワンルームマンション投資への融資に積極的な銀行が以前より格段に増えています。しかも、物件価格の100%まで融資を受けられることもあり、場合によっては諸費用分までの融資を受けられる金融機関もあります。

一方、一棟のマンションやアパートに対する融資は、「かぼちゃの馬車」のシェアハウス投資の破たんや、スルガ銀行の不正融資の問題で審査が厳しくなり、希望額まで融資が付かず自己資金を物件価格の2割3割出さないといけないということで契約が不成立になるケースが激増しています。そのため、一気に販売不振に陥り、廃業や倒産に追い込まれた企業も出ているようです。そして、今後も一棟物件の投資環境はかなり厳しい状況が続きそうです。

サブリース（借り上げ保証）が必ずしも安心できない時代に

先ほどの「かぼちゃの馬車」のシェアハウス投資で、最も被害が明るみに出たサブリース問題について少しふれておきましょう。

場所的に不人気なエリアの物件でも、借り上げ保証があり、空室リスクがないという説明だけを鵜呑みにして契約したものの、ふたを開ければ、実態は入居率50％を切る物件も多く、入居者ゼロの物件もあったとか。それでは、サブリースしている業者が破たんするのも無理はないです。気の毒なことにサブリースで入って来るはずの家賃が入らなくなり、1億円ほどの借入の返済を全額自己負担しないといけなくなった購入者は、大半が普通のサラリーマンで、もちろん返済能力がそこまであるわけなく、自己破産に追い込まれたケースが非常に多いとのことです。これは、アパート投資でも今後増えていきそうですが、いくらサブリースとはいえ実際の入居率は必ず確認する必要があります。至極当たり前ながら、100％人任せはダメです。

横行する悪徳買取業者にご注意！

東京オリンピック・パラリンピックが決まった2013年から不動産価格が上がり始め、物件の仕入れが困難になってきたため、ブツ上げ業者といわれる中古マンションの買取業者が特に最近急増しています。

登記簿謄本やどこかで流出した名簿を利用し、マンションオーナーにDMを送ったり、電話営業で物件を○○万円で買い取らせてくださいと言ってコンタクトを取り、転売目的で相場価格より安く買い取るといったことをしているようです。

これらの行為自体は以前からあり、売りたい方も一定数いらっしゃるのでいいのですが、最近はその買取のためのセールストークが明らかにオーナーに錯誤を与え、きわめて不利なやり方で契約するため、損害を受けているケースが目立ってきています。要は、今売らないと値下がりしますというような話をしてくるのは、いわゆる悪徳業者です。大阪の特に市内中心部ではほぼ通用しないので、もしそういう時は、わたしが売却相談にのらせていただきますので、是非ご一報をいただきたいです。弊社で買取や転売のお手伝いをさせていただきます。

これからでもまだまだポテンシャルの高い大阪の中古ワンルームマンションがおすすめ

わたしはファイナンシャルプランナーとしてまずお客さまに確認するのが、不動産投資での目的です。何のために始めるのかを聞くことで、ワンルームマンション投資でも中古がいいのか新築がいいのか、それぞれのメリットとデメリットをお伝えし、お客さまのニーズに合った物件を紹介し、より勝算のある物件をマッチングしています。

脱サラして不動産投資で大きく稼ぎたいという方には、ワンルームマンション投資はおすすめしません。不動産投資に掘り出し物など今の時代にはほぼあるわけなく、大きなリターンを得るには、逆にリスクも負います。

そのリスクを許容して、一棟のアパートや築古のワンルームマンションをどうしてもという場合にはご案内できるときはしますが……。

とにかく、これから2019年G20サミットやラグビーワールドカップ、2021年ワールドマスターズゲームズ関西、2024年IR（カジノを含む統合型リゾート）と大阪駅前の「うめきた2期エリア」の開業、そして2025年大阪・関西万博へ向けて大阪は世界中から注目を浴び、飛躍する条件は東京よりも整ってきましたし、それ以前にまだまだ東京の半額程度の価格で購入できるので、ローリスクミドルリターンを狙える「大阪」のワンルームマンション投資をこの機会に是非始めていただけたらと思います。

大阪中心部 路線図

もくじ

第2章

なぜ「大阪」のワンルームマンション投資なのか？

第3章 リスクを知って万が一に備える

第5章　大阪のワンルームマンション投資で成功した人とは？

第1章

普通の人でも始められる不動産投資

年収400万円以上なら買えるワンルームマンション投資の魅力

年金だけでは月4万円以上が不足！
対策を打つなら早めに

「公的年金は本当に大丈夫なのか？」

「わたしたちが老後を迎えたときに、生活資金として当てにできるの？」

多くの日本人は、現在の国民年金や厚生年金に、こんな不安を抱いているのではないでしょうか。

FP（ファイナンシャルプランナー）であるわたしのところにも、毎日のように、同じようなご相談に来られる方が大勢いらっしゃいます。

もちろん、国は社会情勢の変化に合わせて制度の見直しに取り組んでいますから、年金制度が破たんしたり、年金がもらえなくなったりする可能性は低いと言えます。

しかし今は、総人口に占める高齢者（65歳以上）の割合が27・7％（2017年10月現在）に達し、約4人に1人が65歳以上の高齢者という時代です。1人の高齢者に支払う年金を、たった3人（しかも、子どもを含めて！）で支えなければならないのですから、いかに苦しい状況であるかがわかるでしょう。

しかも今後、高齢者の割合は年を追うごとに高まり、少子化によって年金を負担する現役世代の人口は減り続けます。

内閣府の予想によると、日本の65歳以上の人口割合は、2036年には33・3％（総人口の約3人に1人）、2065年には38・4％（約2・5人に1人）にまで拡大するということです。一方で、将来の年金払いを担う子ども（0～14歳）の人口は、2010年の約1680万人から、2035年には約1246万人、2060年には約951万人と急速に減り続けます。

こうした状況を考えると、年金制度が破たんすることはないとしても、少しずつ年金の受給額が減り、受け取り開始年齢が先送りされることは間違いないと言えるでしょう。

そもそも公的年金だけでは、老後の生活を十分に賄いきれないという見方もあります。

２０１７年の総務省「家計調査」によると、高齢者夫婦２人が生活するのに必要なお金は、月額26万３７１７円と考えられているようです。

これに対し、厚生労働省が２０１４年６月に発表した年金財政の検証結果によると、２０１４年度の標準世帯（夫婦２人）の平均年金受給額は月額で約21万８０００円。必要と考えられている資金に比べて、実に約４万５０００円以上も足りないことがわかります。

今後、年金の受給額は減り続け、インフレが進行すれば生活費はどんどん上がるわけですから、老後生活はますます苦しくなる可能性があります。

これを避けるためには、公的年金だけに頼るのではなく、別の収入源を確保しなければなりません。早めに何らかの対策を打っておくことが大切です。

個人年金や生命保険よりも効果的に備える方法とは？

公的年金を補う手段というと、真っ先に思い浮かぶのが個人年金や生命保険ではないでしょうか。

老後の生活資金は大丈夫？

夫婦２人が
普通の生活を送るのに
必要な額は
26万3717円

ー

標準世帯（夫婦2人）の
平均年金受給額は
約21万8000円

↓

約4万5717円も
足りない！

出典：総務省「家計調査年報」（2017年）、
厚生労働省「国民年金及び厚生年金に係る財政の現況及び見通し」（2014年）

もちろん、これらの保険商品を活用するのも悪くはありませんが、注意したいのは、保険代理店の巧妙なセールスなどに乗って加入しすぎないことです。

わたしがＦＰとして、さまざまなお客さまの家計診断や老後設計のご相談を受けるなかで、特に気になっているのは、個人年金や生命保険に加入しすぎて家計のやりくりが大変になっているご家庭が非常に多いことです。

個人年金の積み立てや保険料だけで、月に３万〜５万円も払っている家庭は少なくありません。

将来、それなりの年金や保険金は得られるにしても、日々の家計をかなり圧迫する要因となっているのではないでしょうか。

どんなに将来が不安だとしても、今の暮らしを犠牲にしてまで、老後の備えを優先するのは、決して賢明な対策だとは言えません。

２つ以上の個人年金や生命保険に加入している方は、それぞれの契約内容をもう一度じっくりと見直して、必要以上の保障のために余分な保険料を支払っていないかどうか検証してみることをお勧めします。

また、住宅ローンを利用してマイホームを購入した方であれば、ほとんどの場合、ローンの契約条件として団体信用生命保険（団信）に加入しています。団信とは、住宅ローンの返済途中で死亡、もしくは高度障害になってしまった場合に、本人の代わりに生命保険会社がローン残高を支払うといったものです。

もしも、ほかに加入している生命保険に住宅資金の保障が含まれていれば、重複加入していることになってしまうので、見直しを考えてみるべきでしょう。

ほかにも、必要のない特約が盛り込まれていないか、同じ条件でもっと保険料の安い商品が出ているのに、古い保険をそのままにしていないかなど、見直せる部分はいろいろあります。

もちろん、「万全の備えのためには、ある程度の出費はやむをえない」と考える方もいらっしゃるでしょう。

しかし、わざわざ多額の保険料を支払わなくても、老後や万が一の事態に備えられる方法はあります。

具体策としてわたしがお勧めするのが、ワンルームマンション投資です。

詳しいことは後ほど説明しますが、ワンルームマンション投資は、個人年金や生命保険と違って、月々の支払いがほとんど必要ありません。

にもかかわらず、老後や万が一のときには、安定的な収入を得ることができます。いわば、先行投資のいらない個人年金、生命保険のようなものなのです。

まるで魔法のように思えるかもしれませんが、なぜそのようなことが可能なのでしょうか？　以下、ワンルームマンション投資のメリットについて、詳しく解説することにしましょう。

不動産投資は、個人年金や生命保険の代わりになる

ワンルームマンション投資は、不動産投資の一種です。

そこで、まずは不動産投資とはどういうものかについて説明することにしましょう。

「投資」と聞くと、多くの人は、株式投資やＦＸ（外国為替証拠金取引）などを思い浮かべるのではないでしょうか？

短期の株式投資やFXは、1週間から1日、さらには数時間から数分、数秒という非常に短い時間で、売り買いをして儲ける投資方法です。

大きく値が動けば、一瞬にして利益が数倍、数十倍になることもある半面、予想が外れれば大損失を被るリスクもあります。

このような投資は、余裕資金の範囲でやるのなら問題はないと思いますが、老後資金のように、長期にわたってじっくり運用したいお金を投入するのには向いていません。

これに対し、不動産投資は、住宅やオフィスなどの不動産物件を購入して、月々の家賃収入を得たり、資産価値を高めることによって購入価格と売却価格との差額で利益を得たりする投資方法です。

ちなみに、家賃収入のように、資産を所有することによって定期的に得られる利益をインカムゲイン、資産価値の増加によって得られる利益をキャピタルゲインと言います。

キャピタルゲインは、持っている資産を売却すれば手に入ります。例えば、5000万円で買った賃貸住宅が6000万円に値上がりしたところで売れば、差額の1000万円を利益として得られるわけです（税金や諸経費などは除く）。

しかし、一度資産を売ってしまったら、それ以上、利益を得ることはできません。

これに対し、インカムゲインは、資産を持ち続ける限り、いつまでも受け取ることができます。月々5万円、10万円といった家賃収入を、20年でも30年でも受け取り続けることができるのです。

これなら、年金だけでは不足する老後の生活資金を安定的に補うことが可能ですし、万が一、ご主人が亡くなっても、遺された奥さんや子どもの生活資金を確保してあげることもできます。

つまり、不動産投資は、個人年金や生命保険の代わりにもなるわけです。

不動産投資には、「インカムゲイン狙い」と「キャピタルゲイン狙い」の2種類がありますが、老後対策や万が一の備えに利用するのなら、安定的な収入が長期にわたって得られるインカムゲインを狙うのが望ましいと言えそうです。

インカムゲインとキャピタルゲインの違い

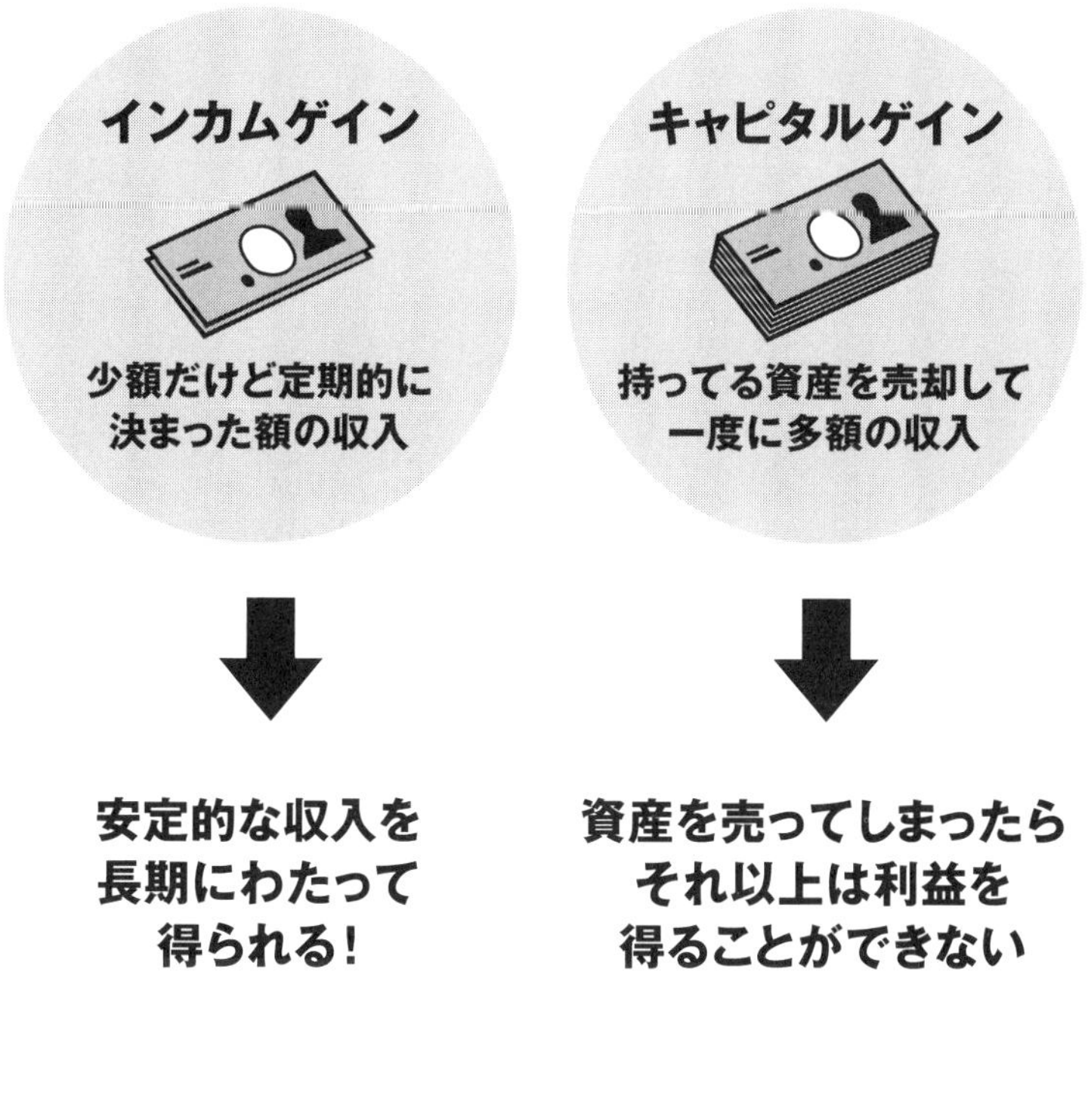
インカムゲイン
少額だけど定期的に
決まった額の収入
キャピタルゲイン
持ってる資産を売却して
一度に多額の収入
安定的な収入を
長期にわたって
得られる!
資産を売ってしまったら
それ以上は利益を
得ることができない

月々の支出がゼロでも老後や万が一への備えができる

ところで先ほど、ワンルームマンション投資は、個人年金や生命保険と違って、月々の支払いがほとんどいらないということを説明しました。

なぜ、そのようなことが可能なのでしょうか？

不動産投資を始めるには、当然ですが不動産を取得しなければなりません。

すでに土地や建物を持っている人ならまだしも、何も持っていない人がイチから始めるのであれば、それなりのお金が必要です。

こう説明すると、

「結局、お金持ちじゃなければできない投資じゃないか」

とか、

「サラリーマンには、まったく縁のない話だ」

と思われるかもしれませんが、決してそうではありません。

実は、投資用の不動産を購入する場合も、マイホームを買うのと同じように金融機関からローンを借りることができるのです。

もちろん、対応する金融機関にもよりますが、サラリーマンや公務員の方でも、3000万〜4000万円ほどの借り入れを受けることは十分可能です。

その場合、言うまでもなく月々のローン返済が必要となります。

しかし、その一方で、購入したマンションから月々の家賃収入が入ってきます。

つまり、ローン返済額やマンションの管理費など、所有した場合にかかる月々の支出を計算し、それよりも高い家賃を設定すれば、事実上、〝支出ゼロ〟で不動産を取得することができるわけです。

しかもローンを完済すれば、月5万円、10万円といった家賃収入が、ほぼまるごと家計に入るのですから、個人年金代わり、生命保険代わりとしての役割を十分に発揮してくれるはずです。

年収400万円以上のサラリーマン、公務員なら買える

不動産投資のなかでも、特にサラリーマンや公務員の方々が始めやすいのが、ワンルームマンション投資、特に「中古ワンルームマンション投資」です。

最大の理由は、何といっても、ほかの投資用不動産に比べて価格が手ごろであること。立地や物件のグレードにもよりますが、東京なら、面積20〜25平方メートルぐらいの中古ワンルームマンションが2500万〜3000万円程度で購入できます。

年収500万円あれば金融機関からは4000万〜5000万円の融資を受けることができるので、十分に手が届く金額です。

これに対し、東京の都心で一戸建ての賃貸住宅や一棟もののアパート、マンションを購入するとなると、ものによっては数億円とケタが違ってきます。東京の場合、ワンルームマンションの家賃は8万〜10万円が相場ですから、中古ワンルームマンションを1戸所有するだけでも、老後の生活費をかなり補えるのではないでしょうか。

また、東京にこだわらないのであれば、4000万〜5000万円の融資枠を目いっぱい使って、2戸以上の中古ワンルームマンションを購入することも可能です。

地方の中古ワンルームマンションは、東京に比べると価格が大幅に安く、しかも場所によっては、家賃相場が東京とそれほど大きく変わりません。

同じ投資額でも、東京では1戸しか買えない中古ワンルームマンションが地方なら2戸買えて、利益（家賃収入）は約2倍になるのです。

その地方のなかでも特にわたしがお勧めするのは大阪です。

大阪でも、東京の半分程度の価格で、同レベルの中古ワンルームマンションが購入できますし、家賃水準は東京と大きく変わらないので、2戸購入すれば約2倍の収入を得ることも可能です。

また、不動産に関わる税金も大阪は東京の半額程度ですので、その点も取得しやすいポイントです。

しかも大阪には、ワンルームマンション投資をするうえで、ほかの地方都市にはない大きなメリットがいくつかあります（詳しくは第2章で解説します）。

いずれにしても、中古ワンルームマンション投資は、サラリーマンや公務員でも始めやすい不動産投資であることが、おわかりいただけたのではないでしょうか。

ただし、ここまでの話は、あくまでも金融機関から4000万～5000万円の融資を受けられるのであれば、という〝条件付き〟のものです。

すでにマイホーム購入のために住宅ローンを組んだ経験のある方なら、金融機関の融資には審査が必要であることをご存じのはず。

同じように、投資用不動産を購入するためのローンにも、いくつかの融資条件がありま す。金融機関によっても異なりますが、一般的な条件は次のとおりです。

融資条件の例

- **年収400万円以上（最低は300万円以上）**
- **公務員か上場企業もしくはそれに準ずる企業勤務、医師や教員等国家資格取得者**
- **勤続年数3年以上（属性により1年以上で可）**

ご覧のように、それほど厳しい条件ではありません。

本書を読んでいらっしゃる方のうち、かなりの方がこの条件に当てはまるのではないでしょうか。

もちろん、勤め先が上場企業でなければ、絶対に融資が受けられないというわけではありません。すべての条件を満たしていなくても融資に応じてくれる場合もあるので、まずは気軽に金融機関に相談してみるといいでしょう。

ちなみに、国家資格取得者というのは、医師、弁護士などの専門職のこと。

また、公務員には、国公立大学の教員や職員なども含まれます。

わたしの会社では、ワンルームマンション投資の相談を受け付けていますが、医師や看護師、大学の先生などからご相談を受ける機会もかなりあります。

特に勤務医の方は、サラリーマンと違って退職金や企業年金がない場合が多いので、代わりに不動産投資を検討される方が多いようです。

上場企業に勤務するサラリーマンであれば、勤続年数が3〜5年で年収が400万円を超えている人も少なくないでしょう。

ということは、早い人なら20代からでもワンルームマンション投資が始められることになります。

ちなみに、投資用不動産への融資限度枠は、一般に年収の8～10倍となっています。年収500万円以上なら、4000万～5000万円の融資が受けられる可能性があるということです。年収1000万円以上ですと12倍もしくはそれ以上という銀行もあります。

20代から50代まであらゆる世代にメリットがある

わたしは不動産投資に関するセミナーを全国で開催していますが、会場内を見渡していつも感じるのは、参加者の年齢層がじつに幅広いことです。

休日に開催することが多いので、今どきのおしゃれなファッションを着こなした20代の若者もいれば、管理職の雰囲気を漂わせた30～40代の男性、髪に白髪が交じり、老眼鏡を掛けた50代とおぼしき男性の姿も目に付きます。

もちろん、男性だけでなく、女性の参加者も少なくありません。

さまざまな参加者の顔を見ていると、ワンルームマンション投資には、多種多様なニーズがあるということを実感します。

実際、ワンルームマンション投資は、あらゆる世代のニーズに応えることができる投資方法だと思います。

しかも、始める時期が早ければ早いほど、より大きなメリットが受けられるのです。

例えば20代。

この時期から始めれば、物件を購入するために35年ローンを組んでも、60歳で定年を迎える前に完済できます。年収が増えるにつれて融資限度枠も広がるので、2戸、3戸と所有物件を少しずつ増やせるかもしれません。

年金不安が高まっていますが、現役世代のなかでも特に若い20代は、「自分たちは将来、本当に年金がもらえるのだろうか」と真剣に心配している人が多いようです。

20代のうちにワンルームマンションを買って、早めにローン返済を終わらせてしまえば、老後には家賃収入をほぼまるごと生活資金に充てることができます。

老後への不安がなくなれば、目の前の仕事や生活も思う存分エンジョイできるはずですから、お金のこと以上に、投資のメリットは大きいのではないでしょうか。

30～40代でも、ワンルームマンション投資を始めるのに遅くはありません。

35年ローンを組んだ場合、老後を迎えても返済が続く可能性はありますが、20代より所得は増えているので、繰り上げ返済などを活用して返済を早めることもできます。

ただし、30～40代は、いくつもの生命保険や個人年金に加入している人が多く、住宅ローンや子どもの教育への出費も増えるので、家計に余裕のないケースが目立ちます。そうした場合は、加入しすぎている生命保険や個人年金などを整理して、浮いたお金を繰り上げ返済に回す方法もあるでしょう。

また、先ほども述べたように、ローンを設定して投資用マンションを購入すると、ほとんどの場合、団体信用生命保険（団信）に加入するので、保障が重複する生命保険を見直せる可能性もあります。

わたしは、FPの立場から、家計全体の見直しをアドバイスするサービスを行っていますが、保険や個人年金代わりにワンルームマンション投資をしたいと考える方に対しては、将来得られる家賃収入や年金、保険金などの収入をトータルに計算して、余分と思われる保険、年金の削減をお勧めすることもあります。

これによって月々の保険料や年金積み立ての額が減れば、ローンの繰り上げ返済にお金を回せるだけでなく、日々の家計がラクになることも多いからです。

そして50代。

意外に思われるかもしれませんが、老後を目前に控えたこの世代でも、ローンを借りてワンルームマンション投資を始めるメリットは十分にあります。

50代になると、老後の生活はもちろん、これまでの世代以上に〝万が一〟への備えも真剣に考えなければなりません。

突然亡くなったときに、奥さんや子どもの暮らしはどうなるのか。

遺される家族のための収入源として、ワンルームマンションを購入しておこうと考える人も少なくないようです。

また、購入したワンルームマンションは、長期にわたってインカムゲインを得るために、なるべく保有し続けることをお勧めしますが、万が一、遺族にまとまったお金が必要なときは、マンションを売却してお金に換えることもできます。

このほか、ワンルームマンション投資には、相続・贈与税の節税や、〝争族〟（遺産分割争い）対策などのメリットがあることも見逃せません。これについては、後ほど詳しく解説します。

子育ても一段落し、資金に余裕のある50代であれば、ある程度まとまった頭金を入れて、ローンの返済期間を10〜15年と短くすることも可能です。逆に完済年齢が85歳未満ですので54歳でも最長30年ローンが組めます。また、自己資金を20％以上もしくは、30％以上入れるとその分金利が安くなる銀行もあります。

マイホームを持ちたい人も投資と両方可能。大切なのは与信枠の把握

このように、どんな世代でもワンルームマンション投資を始めるのに遅すぎるということはありませんが、一つだけ注意していただきたいことがあります。

与信枠を把握することです。

前作では、ワンルームマンション投資は、マイホームを購入してから始めたほうが望ましいとお伝えしましたが、この数年間の事例で見てみますと、投資物件を複数お持ちの方も最近の銀行では住宅ローンがかなり通りやすくなっています。

わたしは、ワンルームマンション投資のご相談に来られる方に対して、必ず「マイホームはお持ちですか？」とお尋ねします。

「持っていないが、買うつもりもない」という方であれば問題ありませんが、「これから持ちたい」と考えている方には、まず与信枠をしっかり把握してから、ワンルームマンション投資を始めることをお勧めしています。

老後資金を確保するために投資用マンションを購入したのはいいけれど、それが原因で夢のマイホームをあきらめなければならなくなってしまうというのは、非常に悲しいことではないでしょうか。

特に20～30代で、「これから家を持ちたい」と考えていらっしゃる方は、少なくとも自身の与信枠を把握し、できればまずマイホームを購入してから、ワンルームマンション投資を始めるべきでしょう。

ほかの不動産と比べてのメリットは？どんな物件がお勧めなのか？

安さなら中古物件に軍配 新築にも新築にしかない良さが

先ほども説明したように、ワンルームマンションは、比較的手ごろな価格で入手できるのが大きな魅力です。

安く買えるということは、ローンの借入額や月々の返済額も少なくて済みます。借入額が少なければ、新築なら35年かかる返済を30年、25年と短くすることもできますし、月々の返済額が少なければ、その分、家賃収入から返済額や管理費などを差し引いた〝利益〟（キャッシュフローのプラス）が多くなりますから、家計としても大助かりでしょう。

中古と言っても、築10年程度の築浅の物件であれば、それなりにクオリティが保たれているので、新築とさほど変わらない家賃収入が期待できます。

また、築10年程度であれば、バブル景気のころに建てられたワンルームマンションと比べて面積が広く、最近の若者に人気の高い「バス・トイレ別」（セパレート）の物件も多いので、入居者を探すのにそれほど苦労がありません。

しかも、ここ10年ほどの間に建てられたワンルームマンションは、２０００年4月に施行された「住宅品質確保促進法」に基づき、建物の「耐震等級」が定められたこともあって、耐震性能が非常に高くなっています。

地震に強いということは、資産として長く所有できるということです。

日本人の感覚として、「使い古されたものより、新しいもの」が好まれるのはよくわかりますが、「同じ中古でも、築浅にはそれなりの価値がある」と割り切ってみるのも、一つの考え方ではないでしょうか。

もちろん、価格のことを別にすれば、新築には新築の良さがあります。

まず、新築のワンルームマンションは、仲介業者を通した個人ではなく法人のデベロッパー（開発業者）から直接購入するので、建物について「10年保証」などのアフターサービスを受けることができます。ガス給湯システムやエアコンといった設備についても、新品なのでメーカーの保証（1～2年程度）が付いているのが一般的です。

中古ワンルームマンションの場合、通常これらの保証はありませんし、入居者が入った途端に、老朽化していた給湯器やエアコンが故障したり、雨漏りや壁のひび割れが生じたりといったトラブルに見舞われないとも限りません。その分、中古ワンルームマンションを購入する場合は、入念に物件の状態を点検することが求められるわけです。

また、新築ワンルームマンションは、買った年から建物部分の減価償却費が必要経費として控除できるので、中古ワンルームマンションに比べて節税メリットが生じる場合もあります。このように、中古ワンルームマンションと新築ワンルームマンションには、それぞれ一長一短があります。本書では、中古ワンルームマンション投資を中心に解説を進めていきますが、「多少高くても新築を買いたい」というのなら、新築ワンルームマンション投資を始めてみるのも悪くはありません。

ちなみに、不動産相場が割安な大阪であれば、東京の中古ワンルームマンションと同程度もしくはそれ以下の価格で、新築ワンルームマンションが買える場合もあります。

詳しくは第2章で解説しますが、これもわたしが大阪のワンルームマンションをお勧めしている大きな理由の一つです。

新築vs中古

高い	物件価格	**安い**
高い	耐震性能	**築10年程度なら** **高い**
あり	建物・設備の保証	**なし**
高い	節税メリット	**低い**

ただし条件の良い中古物件を選べば、新築と変わらない家賃収入が見込めて、プラス収支が期待できる

一棟ものとワンルームマンション、どちらを選ぶべきか？

不動産投資というと、一戸建ての賃貸住宅や、一棟もののマンション、アパートなどを購入するイメージを持たれる方が多いようです。

だからこそ、「お金持ちにしかできない投資方法」という誤解が生まれるのでしょう。規模の違いこそあれ、ワンルームマンション投資も不動産投資です。

しかも、一棟もののマンションやアパートを購入するのと比べて、ワンルームマンション投資にはいくつもの大きなメリットがあります。

第1のメリットは、何と言っても物件を安く、そして頭金も少額で入手できることでしょう。

一般に一棟もののアパートやマンションを購入するとなると、数千万円から数億円の資金が必要です。サラリーマンや公務員の通常の与信枠では、とても買えるものではありません。

ワンルームマンションなら、安いものは1戸数百万～1500万円、高いものでも2000万～2500万円と手ごろですし、年収500万円以上の上場企業のサラリーマンや公務員なら、与信枠をいっぱいに使えば2～3戸は購入できます。

また、無理に一棟ものを買ったとしても、働きながら、一棟当たり10戸、20戸というアパートやマンションを管理し、入居者を確保していくのは至難の業です。大家を本業にするぐらいの覚悟がなければ、とても務まるものではありません。

その点、ワンルームマンションなら、管理するのは最低1戸、多く所有しても3～5戸といったところなので、管理の手間はそれほど大きくはありません。

しかも、後述するようにサービスの行き届いた不動産管理会社に依頼すれば、入居者の募集や家賃の集金、退去の立ち会いなど、さまざまな管理を引き受けてもらえます。毎日の仕事に専念しながら、気楽にマンション経営ができるわけです（第4章で解説します）。

第2のメリットとして挙げたいのは、一棟ものよりもワンルームマンションのほうが売却しやすいことです。

数億円もする一棟もののマンションは、ワンルームマンションと違って買い手が簡単には見つからず、特に最近はローン評価が出ず売るに売れなくなるケースも珍しくありません。やむを得ず、市場価格よりも大幅に値引きをして売らなければならなくなることもあります。

これに対し、ワンルームマンションは価格が手ごろで、投資を始めたい人も多いので、「買いたい」という人も比較的すぐに見つかります。買いやすさと売りやすさは、表裏一体というわけです。

また、意外に思われるかもしれませんが、ワンルームマンションは、相続が発生したときの〝争族〟対策にも利用できます。

相続財産のなかでも、遺された家族が〝取り分〟をめぐって争いやすいのが不動産です。なぜなら、現金や預貯金、株式などは簡単に分割できますが、土地や建物は切り分けるのが難しい財産だからです。

複数の相続人がいるのに、遺された財産がマンション1棟だけだったとすれば、誰がそれを相続するのかということで、骨肉の争いに発展する恐れもあります。

その点、ワンルームマンションを2～3戸購入しておけば、遺された妻には自宅、3人の子どもにはワンルームマンションをそれぞれ1戸ずつ、といったように、きれいに分けることもできます。

一棟ものvsワンルーム

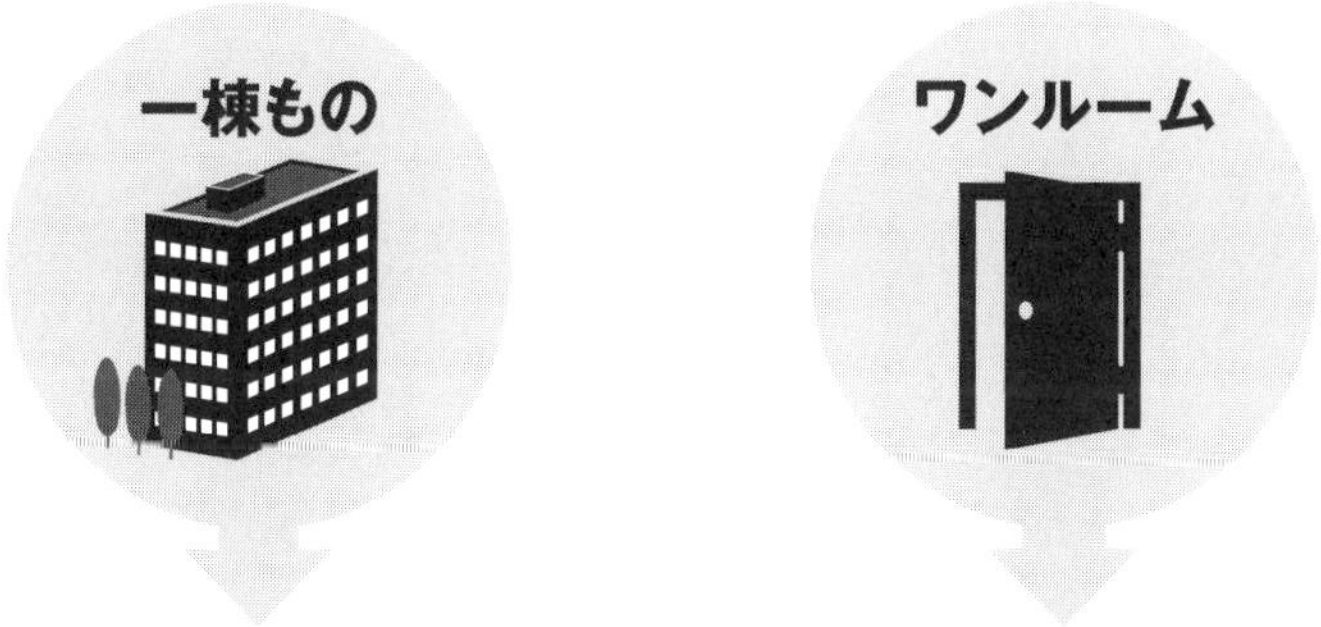

一棟もの		ワンルーム
数億円	物件価格	**数百万～2500万円**
大変	管理	**簡単**
売りにくい ローンが満額つかない	売却	**売りやすい**
分割しにくい	相続	**分割しやすい**

総合的に考えると
ワンルームマンションのほうが
メリットが多い！

これらのメリットを総合的に考えると、一棟もののマンションよりもワンルームマンションのほうが、かなり有利だといえそうです。

ワンルームとファミリータイプではどちらのほうが有利か？

マンションには、ワンルームのほかに1ＤＫ～3ＬＤＫといったファミリータイプもあります。

もちろん、物件価格はファミリータイプのほうが高めですが、家賃相場も1ＤＫなら10万円前後、1ＬＤＫから2ＬＤＫで約15万～20万円、3ＬＤＫ以上なら約25万円以上と、ワンルームに比べてかなり上がります（東京都新宿区の場合、以下同じ）。

「どうせ買うなら、より多く収入が得られるファミリータイプのほうが望ましいのでは？」と考える人も多いのではないでしょうか。

しかし、ファミリータイプの物件価格は、築浅の中古物件（10年以内）でも1ＤＫ～1ＬＤＫで3000万円以上、2ＬＤＫは4000万円以上、3ＬＤＫとなると5000万円以上、立地や建物のグレードによっては1億円以上が相場です。

年収500万円以上のサラリーマン、公務員の場合、ローンの与信枠は4000万～5000万円ですから、残念ながら手が届かない人も多いはずです。

これに対し、ワンルームマンションなら、築浅の中古で2000万～2500万円の物件も数多くあります。大阪ならさらに安く、数百万～1500万円前後で取得することも可能です。手が出しやすいという点では、ワンルームマンションに軍配が上がるのではないでしょうか。


またわたしは、将来の住宅需要を考えると、ファミリータイプよりもワンルームマンションのほうが有利ではないかと思います。

ご存じのように、日本では急速な晩婚化が進んでおり、俗に言う「おひとりさま」などと呼ばれる単身世帯の割合が高まっているからです。

一つ、意外なデータを紹介しましょう。

53ページのグラフは、日本の人口と世帯数の推移を示したものです。

ご覧のように、日本の人口は2009年の約1億2707万人をピークに少しずつ減っていますが、世帯数を見ると、むしろ過去10年以上にわたって右肩上がりで増え続けているのです。

これは、単身世帯の数が増えているからにほかなりません。

結婚しない（できない？）「おひとりさま」に加え、高齢化の影響で、配偶者に先立たれ、独り暮らしを余儀なくされている「独居老人」の数も年々増加しています。

そうした独り暮らしの高齢者のなかには、住み慣れた自宅を売り払って、生活の利便性が高い都会のワンルームマンションに引っ越される方も大勢いらっしゃいます。

一方で、晩婚化や非婚化の進展とともに、現役世代のシングル（単身者）もどんどん増え続けていますから、ワンルームマンションの需要は今後も拡大する可能性が高いのです。

人口と世帯数の推移

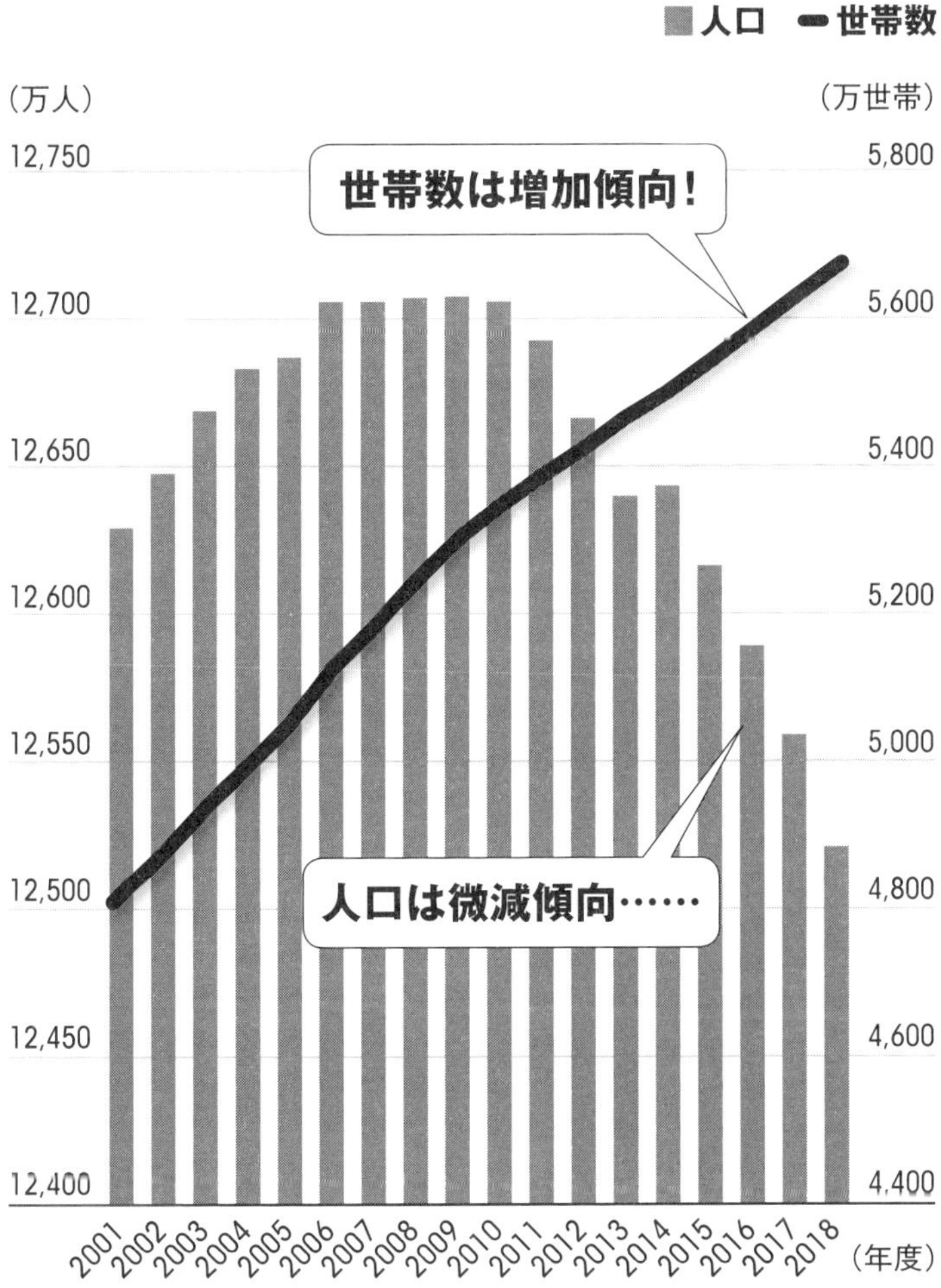

出典：総務省「住民基本台帳に基づく人口、人口動態及び世帯数」（2018年1月1日現在）

さらに、ワンルームマンションにとって追い風となっている動きがあります。

それは法人需要の拡大です。

企業が福利厚生の一環としてワンルームマンションを借り上げ、独身社員に社宅として提供する動きが、近年ますます活発になっているのです。

もともと日本企業の多くは、自社で独身寮などを所有していましたが、リストラの一環としてこうした物件を整理し、代わりにワンルームマンションを借り上げて社宅として利用する動きが広がっています。

景気の緩やかな回復とともに、企業の求人数も増えてきましたが、少子化の影響で人材の奪い合いが熾烈《しれつ》化することが予想されます。少しでもいい人材を確保しようと、福利厚生を充実させる動きが広がるはずですから、ワンルームマンションの法人需要が今後も拡大し続けることは間違いなさそうです。

法人需要のいいところは、滞納がほとんどなく、一般的に長期にわたって継続的に入居してもらえるので、空室リスクが低い点です。

特に大阪のワンルームマンションは市内の中心部に大学がないため、学生の需要がほとんどなく、単身の社会人もしくは法人需要が高く、その意味でも、ほかの都市のマンションに投資するのと比べて有利だと言えそうです。

一方、残念ながら、ファミリータイプの需要は今後じりじりと縮小していくことが予想されます。

総務省が発表した「住民基本台帳に基づく人口、人口動態及び世帯数」(2018年1月1日現在)によると、日本の1世帯当たり人数(平均構成人員)は、2017年1月の2・23人から2018年1月には2・20人に減っています。

1世帯当たりの人数は、住民基本台帳制度が創設された1968年以来、毎年減り続けており、今後もこの傾向が続くのではないかと思われます。

そうなると、ファミリータイプはなかなか入居者が見つけにくくなり、空室リスクが高まる可能性もあります。

特に3LDK、4LDKといった間取りの大きなファミリータイプは、需要が大きく縮小していくのではないでしょうか。

物件選びのポイントは
好立地、利便性、バス・トイレ別

ここまで見てきたように、中古ワンルームマンションは、ほかの投資用不動産と比べて非常に魅力の高い投資対象だと言えます。

ただし、どんなに中古ワンルームマンションが有利でも、物件によっては、なかなか入居者が見つからなかったり、思ったほど高い家賃が設定できなかったりする場合もあります。

中古ワンルームマンションは、一棟ものやファミリータイプに比べて選べる物件の数が豊富にあることもメリットですが、収益がしっかり確保できる〝いい物件〟を選ばないと、むしろ余分な出費によって家計が圧迫される恐れもあります。

家賃が入らなければ、ローンの返済は家計から支払うしかありませんし、家賃が安いと、ローンの返済額に足りなくなる可能性もあるからです。

そうしたリスクを避けるためにも、物件選びは慎重に行わなければなりません。

特に注目したいのは、次の4つのポイントです。

❶駅に近いこと
❷生活の利便性が高いこと
❸「バス・トイレ別」（セパレート）であること
❹周辺の家賃相場が高いこと

❶〜❸は、今どきの単身者に好まれやすいワンルームマンションの必須条件です。これらを満たしていれば、空室リスクはかなり抑えることができるでしょう。

大阪のワンルームマンションの入居者の多くは、学生ではなく、単身のサラリーマンやワーキングウーマンですから、通勤しやすい駅の近くの物件を好む傾向があります。駅から徒歩5分、10分の距離ならベスト。最近は自転車を利用する若者も増えているので、自転車で10分でも、それなりのニーズはあるかもしれません。

また、深夜に帰宅することも多いサラリーマンやワーキングウーマンにとっては、コンビニエンスストアや深夜営業のスーパー、ファミリーレストランなどが近くにあるかどうかということも、物件選びの重要なポイントです。
その意味でも、商店街や繁華街などに近接する駅近物件のほうが望ましいと言えるでしょう。

❸の「バス・トイレ別」（セパレート）とは、お風呂とトイレがそれぞれ独立していることです。

１９８０年代のバブル景気のころに建てられたワンルームマンションは、お風呂とトイレ、洗面台が１つになった、いわゆる〝ユニットバス〟が主流でした。

しかしユニットバスだと、入浴やシャワーのお湯でトイレ部分の床が水浸しになったり、洗面台の鏡が曇ったりと非常に面倒なので、今の若者にはあまり好まれません。

そのため、２０００年以降に建てられた築浅のワンルームマンションは、「バス・トイレ別」（セパレート）が主流となっています。

また、若者に好まれやすい物件を選ぶポイントは、〝女性目線〟で品定めをすることです。

例えば、ドレッサーや浴室乾燥機など、今どきの若い女性が求める設備が調っていて、大きめの冷蔵庫が置けるスペースがある物件は、女性だけでなく、男性の入居者も見つかりやすいものです。

これらのポイントを踏まえて、単身の若者が「入居したくなる」物件を選べば、空室リスクはかなり低くなるはずです。

一方、ワンルームマンション投資の収益性を確保するためには、❹の「周辺の家賃相場」もしっかりとチェックすべきです。

収入を増やすため、できるだけ家賃を高く設定したいと思うのは当然のことですが、周辺の家賃相場よりも高いと、入居者はなかなか決まりません。最初から家賃相場の高い地域を選べば、そうしたリスクは解消されます。

また、家賃相場の高い地域は、生活拠点として人気の高い地域でもあるので、そこにある物件を選ぶだけでも空室リスクを抑えることができます。

また、人気のある地域ほど、家賃相場が下がりにくいというメリットも見逃せません。

物件の収益性は年利回りで判定
高すぎる物件は要注意

では、不動産物件の収益性はどのように判定すればいいのでしょうか。

一般には、金融商品などと同じように、年利回りを算出して判定します。家賃収入は、預金の利息や株式の配当と同じインカムゲインです。

100万円で買った株式に対して、年間2万円の配当が付けば、配当の年利回りは2%ということになります。

同じように、不動産物件の年利回りは、取得した物件の価格に対して、年間に受け取れる家賃収入が何パーセントになるのかを示すものです。

例えば、物件価格が1000万円、月額の家賃が6万円（年間72万円）であれば、年利回りは次のようになります。

72万円（年間家賃）÷1000万円（物件価格）×100＝7・2％（年利回り）

つまり、この場合の年利回りは7・2％です。

預金金利が10年定期でも年0・1％しか付かない時代ですから、この利回りの高さは驚異的に思えるのではないでしょうか。

資産運用の観点から言えば、お金を銀行に預けるよりも不動産に投入したほうが、かなり運用効率が高いことがおわかりいただけると思います。

ただし、右の数値は、あくまでも税金やマンションの管理費、月々のローン返済などの諸経費を除いた表面利回りです。

これらの諸経費を差し引くと、利回りは大きく下がります（それでも、預貯金の金利に比べれば、はるかに大きな利回りになるとは思いますが……）。

一概には言えませんが、中古ワンルームマンション投資の表面利回りは、東京の都心で年3〜5％、大阪の中心部で年4〜6％といったところでしょうか。

購入を希望する物件の利回りがこの水準を下回るようであれば、投資のうまみは少ないと言えるかもしれません。

ただし、利回りは「高ければ高いほどいい」というものでもありません。

すでに多くの方がお気付きだと思いますが、不動産の利回りは、物件価格が安ければ安いほど（または家賃が高ければ高いほど）上がる仕組みになっています。

物件価格が安いということは、あまり人気がなく、入居者が付きにくい物件である可能性も高いということです。

また、安い物件は、一般に老朽化していることが多いので、修繕費などの経費がかさんで、むしろ実質的な利回りが下がる場合もあります。

表面利回りの高すぎる物件よりも、むしろ平均的な物件を選んだほうが間違いはないと言えるかもしれません。

知れば簡単！　利回りの計算方法

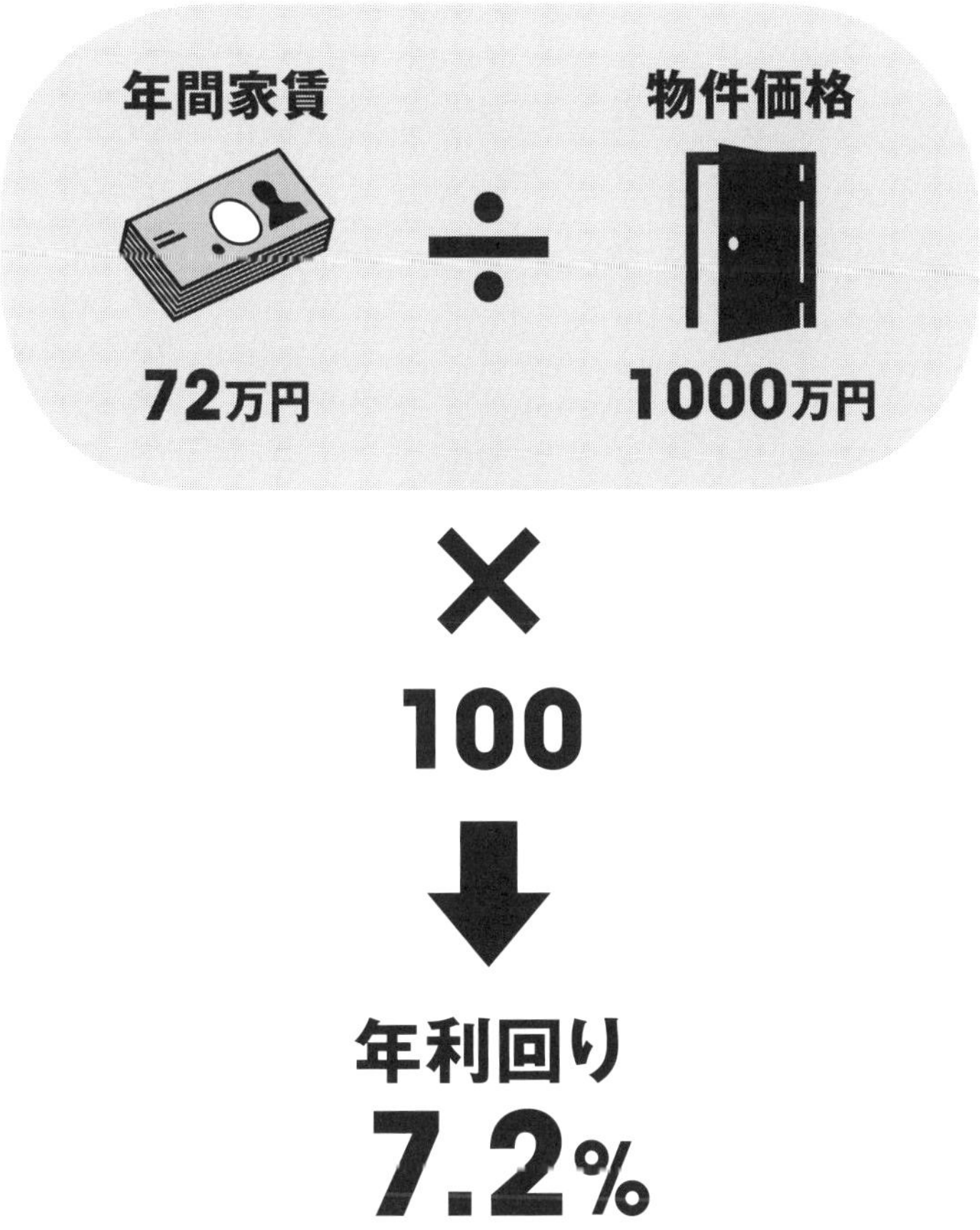

アベノミクス、オリンピック効果で物件価格が上昇
万博決定で大阪はまだこれからがチャンス？

一方で、ある程度の利回りを確保するためには、なるべく安く物件を購入することも重要なポイントです。

実はここ数年、ワンルームマンションの販売価格はじりじりと上昇しています。

政府・日銀が推し進めるアベノミクスの効果によって、不動産市況が改善してきたことが大きな原因です。

日銀の「異次元の金融緩和」と呼ばれる積極的な金融政策によって、不動産市場には大量の資金が流入。海外からのマネーも加わって、東京の都心部を中心に基準地価をじりじりと押し上げています。

その一方、建設ラッシュによる人件費や建築資材価格の高騰などで、建設コストも上昇傾向にあります。

これらの結果、東京都心の新築ワンルームマンションの物件価格は少しずつ上がり、中

古ワンルームマンションも値上がりしてきました。ただ、大阪は東京ほど上がっていませんので、万博が決定しIRを誘致している今、値が上がる前に買っておけば、より大きな利回りを確保できるのですから、ワンルームマンション投資を始めるのなら、今の大阪が絶好のチャンスと言えそうです。

しかも、現在は空前の低金利時代です。

日銀の積極的な金融政策によって、日本の長期金利（10年国債の利回り）は0・01％台（2018年12月末時点）という低水準。その結果、投資用不動産の購入に対するローンの金利も、年2％弱とかつてなかったほどの低い水準にあります。

低金利の今のうちに借りれば、ローンの返済負担を少しでも抑えることができますし、場合によっては返済期間を短縮できるかもしれません。

逆に今後、本格的な景気回復とともに金融緩和が縮小されると、金利はどんどん上昇することになります。

これらの状況を総合的に判断すると、決断を先延ばしにするよりも、思い立ったらすぐに投資を始めるのが賢明だと言えるのではないでしょうか。

第2章

なぜ「大阪」のワンルームマンション投資なのか?

大阪のワンルームマンションが東京よりも有利な理由とは？

東京・横浜に住みながら大阪で大家さんになる人が急増中

第1章で、ワンルームマンション投資を始めるなら、東京よりも大阪の物件を買ったほうが有利だというお話をしました。

わたしは、大阪を拠点に不動産投資のアドバイスやファイナンシャルプランニングのお手伝いをしているので、どうしても、

「自分の街を身びいきしているのではないか？」

と思われがちです。

しかし、客観的に見ても、東京より大阪のワンルームマンションのほうが有利であるこ

とは間違いありません。

事実、わたしの会社にご相談に来られる方々のなかには、東京や横浜などにお住まいのサラリーマンの方、公務員の方、お医者さんや学校の先生なども大勢いらっしゃいます。

そして、大阪のワンルームマンション事情や、大阪の将来について説明すると、ほとんどの方が「確かに東京よりも大阪のワンルームマンションのほうが魅力的だ」と納得してくださいます。

事情を知って、実際に大阪のワンルームマンションを投資目的で購入された方もたくさんいらっしゃいます。東京や横浜に住みながら、大阪のマンションの大家さんになって月々の家賃収入を得ているのです。

そうした方がどんどん増えているので、わたしの会社は２０１４年10月に東京オフィスを開設しました。

年に数回の「大阪の中古ワンルームマンション投資」の勉強会と、個別相談会という形で、随時ご面談させていただいております。

今の日本は、人口や経済はもちろん、情報も首都・東京に一極集中しているので、残念ながら大阪の経済や産業などのトレンドが、全国で大々的に注目される機会は多くありません。ですから、大阪に住んでいるわたしたちにとっては当たり前のような話でも、東京をはじめとする全国の人にとっては「目からうろこ」が落ちるような話がいくつもあるようです。

もちろん、大阪のワンルームマンション事情についても同じです。

そこで、この章では、

「大阪のワンルームマンションは、東京の物件に比べてなぜ有利なのか？」

「大阪の人口や経済は今後どうなるのか？　安定的な家賃収入は得られるのか？」

といった素朴な疑問を、一つ一つ解き明かしていきたいと思います。

物件価格は東京の約半分
ほぼ同じ予算で大阪なら2戸買える

すでに繰り返しお話ししたように、大阪のワンルームマンションの最大の魅力は、何と言っても、東京の物件に比べて価格が非常に安いことです。

一般に、大阪市の中心部（北区・中央区・福島区・西区・浪速区・天王寺区）の中古ワンルームマンション価格は、築10年未満、面積20～25平方メートル前後の物件で1300万～1600万円といったところ（物件のグレードなどによって価格は異なる、以下同じ）。東京の都心部で、同じ条件の物件が2500万～3000万円もすることを考えると、破格の安さだと言えるでしょう。

つまり、大阪なら東京の約半分の価格で中古ワンルームマンションが買えるわけです。

しかも、同じ条件の物件であれば、家賃収入は東京も大阪もそれほど大きくは変わりません。東京が月8万～12万円、大阪が6万～8万円といったところが相場です。

第1章で不動産投資の表面利回りについて説明しましたが、物件価格は安いのに、家賃収入が変わらないのであれば、表面利回りは高くなります。

具体的に、同じ条件の東京の2000万円の物件と、大阪の1200万円の物件で、どれだけ表面利回りが変わるのかを見てみましょう。家賃はいずれも月7万円（年額84万円）とします。

【東京の物件】
84万円（年間家賃）÷2000万円（物件価格）×100＝4・2％（年利回り）
【大阪の物件】
84万円（年間家賃）÷1200万円（物件価格）×100＝7・0％（年利回り）

ご覧のように、東京の物件の表面利回りは年4・2％、大阪の物件は年7・0％と、実に3％近い開きがあります。

収益力を高めるには、いかに物件価格を抑えるのが大事であるかということがわかるでしょう。大阪の物件を購入すれば、おのずと物件価格を抑えられるので、収益力も高まるわけです。

しかも、価格が安い大阪の中古ワンルームマンションなら、東京では1戸しか買えない予算で、2～3戸を購入することも可能です。

年収500万円以上のサラリーマンや公務員の場合、投資用不動産に対する融資の与信枠は約4000万～5000万円ですが、この枠を目いっぱい使ったとしても、東京で買えるのはせいぜい1〜2戸まで。しかし、大阪の物件なら3〜4戸購入することだって不可能ではありません。

保有する物件の数が多くなればなるほど、家賃収入が増えるのは当然のこと。1戸だけなら月7万円の家賃が、2戸なら14万円、3戸なら21万円に膨らみます。

もちろん、ローンの返済や管理費の支払い、修繕積み立てなどもあるので、現役世代の間はその金額が丸々手元に残るわけではありませんが、ローン返済が終了すれば、老後生活に十分な収入が確保できるようになるのではないでしょうか。

2戸以上購入すると空室や万が一のリスクも減らせる

2戸以上の物件を取得すると、家賃収入が増えるほかにも、いくつかのメリットを享受できます。

その一つとして挙げられるのが、空室リスクを抑えられることです。

入居者が退去した場合、1戸しかワンルームマンションを持っていないと、家賃収入はたちまちゼロになってしまいます。

しかし2戸所有していれば、家賃収入は半減しますが、ゼロにはなりません。

さらに3戸所有すれば、そのうちの1戸が空いたとしても、満室で得られるはずの家賃収入の3分の2を確保することができます。

つまり、所有する物件の数が多ければ多いほど、空室になったときの収入ダウンを抑えられるのです。

このようなメリットを考えても、より多くの物件を取得できる大阪のほうが、ワンルームマンション投資に向いていると言えるのではないでしょうか。


ちなみに、わたしのところに「2戸以上のワンルームマンションを取得したい」とご相談に来られる方には、同じ大阪市内で購入するにしても、基本的に別々の場所の物件を選ぶことをお勧めしています。

大阪の中心部の家賃相場はかなり安定していますが、何らかの理由で家賃が下がることが絶対にないとは言えません。

同じ地域や同じ建物内のワンルームマンションを2戸以上購入すると、すべて一緒に家賃が下がってしまう恐れもあります。

しかし、別々の地域のワンルームマンションを購入すれば、どちらか一方の家賃が下がっても、もう一方の家賃が下がらなければ、家賃収入の合計額が減るのを抑えることができます。逆に、もう一方のワンルームマンションの人気が高まって家賃が上がれば、全体の収入を増やせるかもしれません。

このように、複数のワンルームマンションを所有すると、地域ごとの家賃変動リスクを分散させる効果も期待できるのです。

資産運用の一環として投資信託を購入した経験のある人なら、

「一つのバスケットにすべての卵を入れるな」

という例え話を聞いたことがあるのではないでしょうか。

一つのバスケットにすべての卵を入れると、うっかりバスケットを落としたときに、全部の卵が割れてしまいます。

しかし、複数のバスケットに卵を一つずつ入れれば、どれか一つのバスケットを落としても、割れてしまう卵はたった一つだけ。残りの卵は無傷のままです。

投資信託とは、投資家から預かった資金で複数の株式や債券などを運用する金融商品ですが、いくつもの投資対象にお金を分散することで、どれか一つの価格が大きく下がっても、投資額全体が大きく減るのを抑える効果が期待できます。

もしも、一つの株式だけにすべての資金を投入したら、その株価が大きく下がっただけで、資金全体が大きく目減りしてしまうでしょう。まさに、一つのバスケットにすべての卵を入れて落としてしまった状態です。

「バスケットと卵」の例え話は、投資のリスクを抑えるうえで、投資対象の分散がいかに大切かということを教えているのです。

話がやや回り道をしましたが、複数のワンルームマンションを購入するときに別々の地域を選ぶのも、投資対象を分散してリスクを抑えるための工夫だと言えます。

先ほども述べたように家賃変動リスクを抑えられるだけでなく、万が一、地震や火事などでマンションが被災しても、ほかの地域に所有するマンションが無事であれば、家賃収入はゼロにはなりません。

つまり、別々の地域の物件を所有しておけば、災害リスクにも備えられるわけです。

わたしの会社にご相談に来られる方のなかには、地域を分散させるため、「東京と大阪にそれぞれワンルームマンションを所有したい」という方もいらっしゃいます。

確かに、東日本大震災のように広域にわたる大地震が発生すれば、同じ都道府県内に所有する複数の物件が、同時に被災してしまうリスクも考えられないわけではありません。「念には念を入れて」ということで、できるだけ離れた場所に複数の物件を所有することも検討してみる価値はあると思います。

少々乱暴な言い方になりますが、格安な大阪の物件なら、東京のワンルームマンションを買ったついでにもう一つ、という感覚で購入できるかもしれません。

なぜ、同じ条件でも大阪のワンルームマンションは安いのか？

ここまでの説明で、大阪のワンルームマンションが東京に比べて格安であることはご理解いただけたと思います。しかし、

「いったい、なぜそれほど安いのか？」

と疑問に感じた人も多いのではないでしょうか。

答えは実に簡単。大阪の地価は、東京に比べると非常に安いからです。

むしろ、東京の地価は大阪に比べると極端に高すぎる、と言い換えたほうが正しいのかもしれません。

不動産にあまり詳しくない方でも、「公示地価」という言葉は、新聞やテレビ、インターネットなどで何度も目にしたことがあるのではないでしょうか。

公示価格とは、土地の取引価格の基準として、国土交通省が年1回発表しているもの。毎年1月1日を基準時点として、例年3月下旬ごろに発表されます。

2018年に発表された東京都心部と大阪市中心部の住宅地の公示価格（1平方メートル当たり平均価格）は次の通りでした。

【東京都】
千代田区　261万8600円
中央区　119万5700円
港区　178万1100円
新宿区　70万9300円
渋谷区　114万2100円

【大阪市】
北区　43万3000円
中央区　50万7700円
福島区　35万9300円
西区　50万3000円
浪速区　34万1000円
天王寺区　49万100円

東京は「都心5区」（千代田・中央・港・新宿・渋谷）、大阪は「大阪中心6区」（北・中央・福島・西・浪速・天王寺）と呼ばれる、いずれも〝ど真ん中〟のエリアです。にもかかわらず、2つの都市の土地価格には、ケタ違いと言えるほど大きな開きがあることがわかります。

これほど大阪の土地が安ければ、築年数や面積などの条件が同じワンルームマンションが東京の半額程度で買えるというのも、納得していただけるのではないでしょうか。

現在でもこれほどの開きがあるのですが、東京の公示価格は今後どうなるか着目するべきです。

２０２０年の東京オリンピック・パラリンピックに向けて、東京都心部の不動産取引は活況が続くものの、その後は失速するのではと予想されるからです。

一方で、２０２５年大阪・関西万博に向けて大阪市中心部の地価はじりじりと上がることにはなるでしょう。

後ほど詳しく解説しますが、大阪は万博以外にも将来の経済発展を促すさまざまな巨大プロジェクトが進行しているからです。

オリンピックほどの即効性はないにせよ、10年、20年という長期にわたって大阪の経済を着実に成長させてくれそうなプロジェクトが目白押しです。

そして、もしかすると、東京の地価上昇を上回る勢いで大阪の地価は上がり続けることでしょう。その結果、ワンルームマンションの価格もどんどん上昇していくはずです。

「大阪中心６区」とは

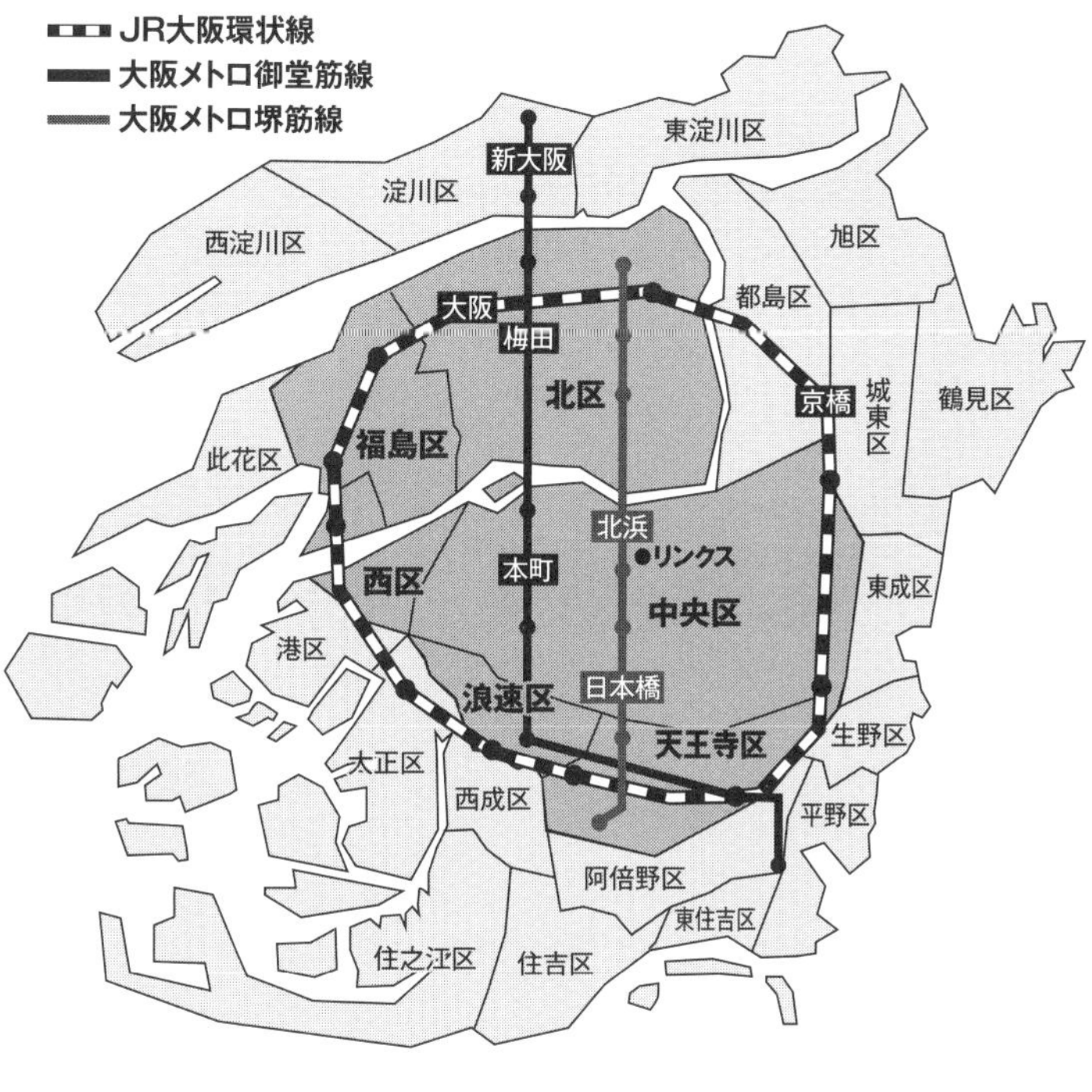

JR大阪環状線の内側で、
北区・中央区・福島区・西区・浪速区・天王寺区
の「大阪中心６区」＋「新大阪」は
将来的な経済発展も期待できる。

東京のワンルームマンション価格はオリンピック終了後に下落する？

前作が発行された2015年2月時点で、東京都心部の中古ワンルームマンションの平均価格は、築10年未満、面積20～25平方メートルで2000万～2500万円といったところでしたが、そのころから不動産業界関係者の間では、「数年以内に3000万～4000万円まで上がるのではないか？」と言われていたのが現実になり、3000万円を超える物件も出ております。そして新築では4500万円を超える物件まで出てきています。それほど東京の不動産市場は、2020年オリンピック・パラリンピックに向けて、大きな盛り上がりを見せてきました。

値上がりに期待を寄せる企業や個人、さらには外国人投資家のマネーが東京の不動産市場に大量に流れ込み、バブル景気時代のように「買えば上がる」「上がるから買う」という上昇相場の循環が生まれています。

第1章で、不動産投資で収入を得る方法には、キャピタルゲイン狙いとインカムゲイン狙いの2種類があると説明しましたが、現在の東京のように不動産価格が上がり続けている局面では、値上がり益を稼ごうとするキャピタルゲイン狙いの投資家も多くいます。買った物件を長期保有するのではなく、値上がりしたところでさっさと売却して、差益を取ろうとするわけです。

しかし、この本を手に取ってくださった方々の多くは、そうした短期売買ではなく、保険代わり、年金代わりにワンルームマンションを長期で保有して、堅実にコツコツと家賃収入を得たいと考えておられることでしょう。

そのようなインカムゲイン狙いの不動産投資においては、物件価格が急激に値上がりしたり、天井知らずで上がり続けたりすることは、決して好ましい状況ではありません。なぜなら、価格が上がれば物件が買いにくくなるだけでなく、十分な収益が得られなくなる可能性もあるからです。

先月まで2000万円で買えた中古ワンルームマンションが、今月は2200万円に値上がりしたとすれば、それだけで利回りが0・3〜0・5ポイントも下がります。同じ家賃のまま物件価格が3000万円に値上がりすれば、4％前後の年利回りが2％台まで下がるのですから、老後資金の計画に大きな狂いが生じてしまうでしょう。

しかも、バブル景気時代を経験した方ならわかるかと思いますが、急激に値上がりした不動産価格は、いったんピークを打つと、一気に下がる傾向があります。3000万円で買った中古ワンルームマンションの市場価格が2000万円まで下落したら、何かのときに売却しようと思っても、それだけで1000万円も損をしてしまうことになるのです。

さらに恐ろしいのがローン返済の問題です。価格が下落すれば、物件の担保価値も下がってしまうので、不良債権化を恐れる金融機関からローンの早期返済を求められる可能性も皆無ではありません。いわゆる〝貸し剝がし〟です。

そのうえ、不動産市況の悪化とともに家賃相場が下がったりすれば、家賃収入だけでは月々のローン返済に足りなくなり、生活費を削って補てんせざるをえなくなることも考えられます。今のところ東京の不動産価格は上がり続けていますが、東京オリンピック・パラリンピックが終了する2020年を過ぎても、今の状況が続くという保証はありません。

これから長期投資を目的として東京のワンルームマンションを購入するのであれば、相応のリスクを覚悟しなければならないでしょう。

大阪のワンルームマンション価格は建物が約7割なので、リスクは低い

ここ数年の東京と大阪の不動産価格の推移を見ていきましょう。

国土交通省が発表している不動産関連の統計のなかに、「商業用不動産価格指数（建物付土地総合）」というものがあります。年間約30万件の不動産取引価格情報をもとに全国・ブロック別・都市圏別に毎月の不動産価格を指数化したものです。

アベノミクスが動き出した2012年末以降の推移を見ると、東京都の商業用不動産の価格指数は、2010年の平均を100とするとオリンピック・パラリンピックの開催が決定した2013年9月ごろを境に急上昇し、2017年には150にせまる数値になっています。つまり7年間で5割の上昇です。

これに対し、大阪の商業用不動産価格指数は東京と比べると少し遅れて緩やかに上昇しますが、2017年は125です。大阪の不動産価格指数は、東京に比べるとまだまだ上がる余地があるといえるでしょう。

オリンピック・パラリンピックは2020年までは、大きな期待として〝上げ材料〟(「値上がりを促す原因」という意味の投資用語)になりますが、その後に控える大きなイベントが東京には見受けられません。それに対し、大阪は2025年の大阪・関西万博のほか、後述するように今後の大阪経済を発展させるプロジェクトがいくつも控えています。それが期待感として表れ、大阪の不動産価格指数が堅調に伸びている理由なのではないかと思います。

また、不動産価格が伸びているにも関わらず、大阪は東京よりも安くワンルームマンションを購入することができます。その理由は先ほども述べたように、東京に比べて大阪は土地が安いからです。

東京なら2000~3000万円する中古ワンルームマンションが1000万~1500万円で買えるのは、大阪の土地が安いからにほかなりません。

建物の価格は東京も大阪もほとんど変わらないので、結果的に大阪のワンルームマンションは、物件価格の約6~7割を建物価格が占めます。

つまり、物件価格に占める土地の割合が約3~4割しかないので、土地が値上がりしてもマンションの物件価格は上がりにくいのです。逆に値下がるときも下がりにくいといえ

東京都と大阪府の「商業用不動産価格指数(建物付土地総合)」

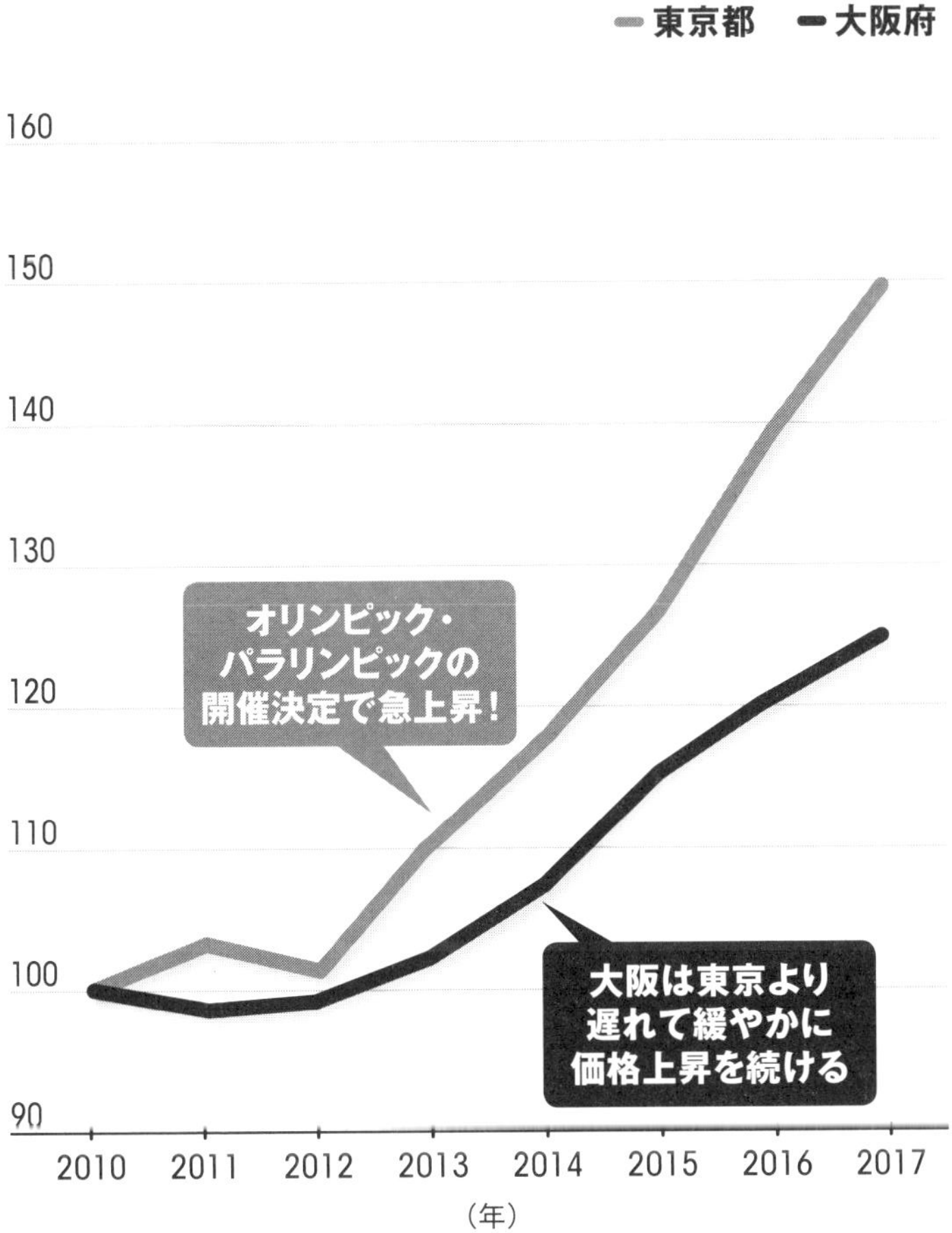

出典:国土交通省「不動産価格指数(商業用不動産)」より抜粋

ます。

もちろん、近年は資材価格や人件費の上昇とともに、建物価格もじりじりと上がっていますが、その条件は東京も大阪も同じです。したがって、大阪のワンルームマンションの価格が東京よりも緩やかに動く傾向は、今後も大きく変わることはないでしょう。

ちなみに、物件価格に占める建物価格の割合（建物比率）が高ければ、その分、減価償却できる割合も高まって節税メリットが生まれます。

その意味でも、建物価格の割合が高い大阪のワンルームマンションのほうが、東京の物件よりも有利だと言えそうです。また、物件価格が半額ほどですので、物件にかかる固定資産税や不動産取得税も大阪は東京の半額程度で済みます。

大阪の新築ワンルームマンションは東京の中古ワンルームマンションよりも安い？

ここまで、大阪の中古ワンルームマンションの魅力を紹介してきましたが、実は、わたしの会社にワンルームマンション投資のご相談に来られる方のなかには、

「大阪の新築のワンルームマンションを買いたい」

という方もかなりいらっしゃいます。

なぜなら、大阪の新築ワンルームマンションは、物件によっては東京の中古ワンルームマンションよりも安いからです。

当社が扱っている大阪の新築ワンルームマンションの物件価格は、おおむね１９００万〜２１００万円。東京の中古物件は２０００万円以上するものが多いので、「安い！」と驚かれるのも当然かもしれません。こんな価格差が生じるのも、大阪の土地が格別に安いからでしょう。もちろん、新築のほうが中古よりも資産価値は高いですし、デベロッパーや設備メーカーの保証が付くなど、中古にはないメリットもあります。

2025年大阪・関西万博決定で長期の経済発展が期待できる大阪なら安定的な家賃収入が見込める

GDPはデンマークやシンガポールよりも上知られざる大阪経済の実力

経済と家賃相場の動きは、密接に連動します。

景気が悪くなって、個人の家計が苦しくなると家賃は下がり、景気が改善して個人の所得が増えれば、家賃も上がっていくものです。

給料が下がれば、住宅にかけられるお金が減るので、家賃の高い賃貸マンションやアパートはどうしても敬遠されてしまいます。大家さんは、どんなに苦しくとも入居者を確保するために家賃を下げざるをえません。

逆に給料が上がれば、多少家賃が高くても広い部屋に住みたい、通勤や生活に便利な部屋を借りたいというニーズが高まるので、家賃を上げることも可能となるのです。

安倍政権による経済振興政策、いわゆるアベノミクスに対する国民の期待はまちまちですが、第3の矢として掲げる「成長戦略」が大きく前進すれば、少なくとも経済がジリ貧になることは免れるのではないかと思います。

実は大阪には、アベノミクスの「成長戦略」＝「国家戦略特区プロジェクト」によって、経済発展の恩恵を受けられるチャンスが広がっています。

東京オリンピック・パラリンピックのように派手ではありませんが、長期にわたって大阪経済の底力を押し上げる巨大プロジェクトがいくつも進行しているのです。

なかでも代表的なプロジェクトが、次の3つです。

❶2025年大阪・関西万博決定
❷カジノを中心とする統合型リゾート（IR）の誘致
❸「うめきた」（JR大阪駅北側エリア）をはじめとする都市再開発

以下、これらのプロジェクトについて詳しく解説しますが、その前に、現時点における大阪経済の実力について簡単に紹介しておきましょう。

大阪府の人口は883万9469人（2015年10月1日時点）。都道府県のなかでは、東京都、神奈川県に次いで全国3位の人口規模です。

また、経済や消費市場についても、東京、愛知に次いで全国3位の規模を誇っています。府のGDP（国内総生産）に当たる府内総生産は、39兆1069億円で全国3位（2015年度）。これは東京の都内総生産の約4割に匹敵し、日本のGDPの7・3％を占めています。

消費市場の規模を示す年間商品販売額も47兆3031億円で全国2位です（2014年、卸売業・小売業合計）。

ちなみに、大阪の府内総生産は、ノルウェーのGDPよりもやや少なく、シンガポール、フィリピン、デンマークなどの国々を上回っています。一国の経済規模よりも大きいのですから、決してあなどれない実力を持っていることがおわかりいただけると思います。

もっとも、このように決して非力ではない大阪経済ですが、バブル景気崩壊後の「失われた20年」と呼ばれた長期不況や、東京へのヒト・モノ・カネや情報の一極集中によって、年を追うごとに、少しずつ活力や存在感を失ってきたことは否めません。

大阪経済の実力とは？

人口:883万9469人　全国3位!

府内総生産:39兆1069億円　全国3位!

年間商品販売額:47兆3031億円　全国2位!

会社企業数:12万4831社　全国2位!

出典:内閣府「県民経済計算」、経済産業省「商業統計」、
総務省統計局「経済センサス―基礎調査」

例えば、大阪を創業の地とする大企業は、住友グループや日本生命保険、武田薬品工業、積水化学工業、竹中工務店などいくつもありますが、その多くは実質的な本社機能を東京に移転させてしまいました。

今でも大阪と言えば「商都」や「あきんどの街」というイメージを持っている人もいらっしゃるのではないかと思いますが、残念ながら、かつてのような商都としての活気は少しずつ薄らいでいるのが現実です。

しかし、そんな状況に歯止めをかけ、大阪の元気を取り戻してくれそうな巨大プロジェクトが、政府や大阪府などの肝いりによって動き出そうとしています。

これによって大阪経済が長期的な発展を遂げれば、賃貸住宅の家賃相場も長期にわたって安定することでしょう。

大阪でワンルームマンション投資を始める人にとっては、頼もしい追い風となるはずです。

2025年大阪・関西万博決定！
夢洲駅が新設され高層ビル開発計画も！

2018年11月23日、大阪府・大阪市や関西経済界が熱心に誘致活動を繰り広げた「2025年大阪・関西万博」の開催がついに決定しました。

ここでは、2025年大阪・関西万博の概要や経済効果をご紹介していきましょう。

2025日本万国博覧会誘致委員会の概要によると、万博のメインテーマは「いのち輝く未来社会のデザイン」。サブテーマは「多様で心身ともに健康な生き方」と「持続可能な社会・経済システム」です。

「未来社会の実験場」をコンセプトに、国連が掲げる持続可能な開発目標（SDGs[※1]）が達成される社会と、日本の国家戦略である「Society5.0[※2]」の実現を目指しています。

開催予定地は大阪市西部、此花区にある人工島・夢洲（ゆめしま）。約155ha（甲子園球場約40個分）の広大な会場に、パビリオンが立ち並ぶエリア（パビリオンワールド）、宿泊施設などを整備する南側の水面エリア（ウォーターワールド）、西側の緑地帯（グリーンワールド）の３つを整備する予定です。

開催予定期間は２０２５年５月３日から11月３日までの１８５日間。来場者数は約２８００万人を想定しています。ちなみに、１９７０年の大阪万博では約６４００万人が来場しました。

誘致委員会は、大阪・関西万博開催による経済波及効果を約２兆円と見込んでいます。

大阪が万博誘致に乗り出したのは、２０１４年のことでした。当時大阪市長だった橋下徹氏が招致に取り組む意向を表明し、大阪市と大阪府が一体となった誘致活動が本格化します。

２０１６年11月には、大阪府が夢洲をメイン会場とする基本構想案を国に提出し、２０１７年３月に大阪府・市と経済界で構成される「２０２５日本万国博覧会誘致委員会」が発足。同年４月に国の閣議了解を得て、国、大阪府・市、関西経済界が一体となった誘致活動が本格的に動き出しました。

わたしたちリンクスを含め、万博誘致委員会に協賛金などを提供する民間企業の「オフィシャルパートナー」「オフィシャルサポーター」は280社を超えています。

此花区にある人工島・夢洲は、大阪・関西万博の会場となるほか、大阪が候補地として名乗りを上げているIR（カジノを含む統合型リゾート）の開発も行われる予定です。

夢洲の今後の発展を見越して、地下鉄を運営する大阪メトロ（大阪市高速電気軌道）は、中央線（北港テクノポート線）をコスモスクエア駅から夢洲まで延伸し、新駅となる夢洲駅には高さ約275mの複合タワービルを建設する計画です。

また、大阪メトロは万博開催決定を受けて、夢洲駅周辺のみならず、2024年度までに主要既存駅をリニューアルし地下空間の大規模改革を進めていくようです。

大阪メトロは、2018年4月に公営の地下鉄としては全国で初めて民営化されたわけですが、このほかにも大阪では、関西空港や大阪城公園の管理運営が民間に移行したように、官民がタッグを組むことで、スピーディーな方向転換や経営を赤字から黒字することに成功した例がいくつもあります。

お城の濠を泳ぐ「大阪城トライアスロン」のように、今までにできなかった新たなことにもチャレンジする面白い街であることも、多くの外国人観光客を惹きつける大阪の魅力のひとつではないでしょうか？

大阪・関西万博の開催によって、より多くの外国人観光客が訪れるようになれば、大阪の経済や不動産市場はますます活気づくはずです。

※1　SDGs：持続可能な開発目標。2015年9月、国連本部で開催された「国連持続可能な開発サミット」において、「持続可能な開発のための2030アジェンダ」が採択され、17の目標が掲げられた。

※2　Society5.0：狩猟社会、農耕社会、工業社会、情報社会に続く、5番目の新しい社会（超スマート社会）。ICTを最大限に活用し、サイバー空間とフィジカル空間（現実世界）とを融合させた取り組みにより、人々に豊かさをもたらす社会。

より多くの外国人旅行客を呼び込め！大阪の「夢洲カジノリゾート」構想

ご承知のとおり、政府・自民党はここ数年、成長戦略の一環としてカジノ解禁を目指して法案整備に取り組んできました。与党内でも慎重論が根強かったことから法案の審議は先送りされ続けてきましたが、2018年7月、カジノを含む統合型リゾート（IR）実施法がついに成立しました。主な内容は次の通りです。

●当面は、全国3ヵ所を上限としてIRを整備する
●ギャンブル依存症やマネーロンダリングへの対策を講じる
●右の対策の一環として、日本人客には入場時にマイナンバーカードの提示を義務付け、入場回数は、7日間で3回、28日間で10回までに制限する
●日本人客からは入場料として6000円を徴収する
●事業者のカジノ収入のうち30％は国と立地自治体が徴収し、観光や地域経済の振興などの財源に充てる

すでにカジノ誘致の候補地として、東京のお台場・青海地区や北海道の苫小牧市、愛知県の中部国際空港周辺、和歌山県の「和歌山マリーナシティ」、長崎県のテーマパーク「ハウステンボス」周辺などが名乗りを上げていますが、大阪の松井知事、吉村市長らは、大阪・関西万博が行われる夢洲にＩＲを誘致する計画を提唱しています。

この人工島は、海を隔てて「映画のテーマパーク」としておなじみのユニバーサル・スタジオ・ジャパン（ＵＳＪ）と対面しており、カジノとＵＳＪを結ぶ鉄道などを敷設し、周辺一帯を巨大リゾート地として整備する構想を描いているようです。

すでに、米国ラスベガスをはじめとする海外の複数のカジノ運営業者が関心を示しており、ひとたびカジノが解禁されれば、全国でもいち早く、大阪がＩＲの誘致に成功するのではないかという見方も強まっています。

その大きな理由は２つあります。

第1に東京に比べて建設コストが低いこと。そして第2に、日本で2番目の経済規模を誇り、〝アジアのゲートウェイ〟でもある大阪は、中国や台湾、韓国、東南アジアなどから多くの外国人旅行客を呼び込めるポテンシャルを持っていることです。

ＩＲ誘致の候補地となっている夢洲の土地価格は、ライバルである東京のお台場・青海地区の4分の1程度とされており、カジノ運営業者にとっては、早期の投資回収が見込めることが大きな魅力です。

しかも大阪には、24時間離発着可能な関西国際空港があり、近隣には京都、奈良、神戸といった外国人が好む観光地も数多く控えています。

交通の便が良く、効率的に観光地巡りができることから、大阪を目指す観光客は年々増えています。東日本大震災が発生した2011年に158万人だった大阪の外国人旅行客は、2017年には1110万人になりました。

大阪きっての繁華街、「グリコの看板」でおなじみのミナミの道頓堀界隈などは、平日でも中国などからの観光客でごった返し、日本語よりも中国語をよく耳にするほどです。

大阪の玄関口である関西国際空港の外国人旅客数も、2017年には開港以来最高となる1431万5556人を記録しました。

24時間離発着可能な2本の滑走路を持つ関空は、航空会社にとっても利便性が高く、ニーズの高い旅行先でもあることから、就航路線や発着回数を増やす動きが見られます。

関空側もこれに応じて、海外の空港と比べて割高な着陸料を引き下げ、国内外の格安航空会社（LCC）を積極的に受け入れるといった前向きな努力を重ね、LCC専用の新施設「第二ターミナルビル」を2017年1月にオープンしました。

これでアジアなどの海外から大阪を目指す観光客は、今後ますます増えるはずです。

IRを誘致するうえでは、絶好の環境が整っていると言えるでしょう。

もちろん、IRという新たな魅力が加わって外国人観光客がさらに増えれば、大阪に大きな経済効果をもたらしてくれるはずです。

ある外資系証券会社は、大阪にＩＲを開設した場合、カジノ事業の売上高は年間45億～50億ドル（約５１３０億～５７００億円）に上ると試算しています。

これに来訪者の滞在中の宿泊、飲食、買い物などの支出を加えれば、波及効果は数兆円規模に上るかもしれません。

大阪の府内総生産が約39兆円であることを考えると、その数パーセントから1割近いお金が動く可能性があるのですから、そのインパクトは非常に大きいと言えます。

もちろん、これによって大阪経済が活発化すれば、不動産市場にも好影響がもたらされるはずです。

また、外国企業や外国人材の受け入れによって、高級オフィス、高級マンションなどの新たな需要が期待されますが、ＩＲ誘致による観光客の増加は、ホテルや商業施設などの需要拡大に貢献しそうです。

これらの動きによって大阪の不動産市場全体が盛り上がれば、ワンルームマンション市場にもプラスの作用がもたらされるのではないでしょうか。

大阪の中心部が生まれ変わる！
最後の一等地「うめきた」再開発

出張で大阪を何度も訪れている人は、ここ数年のJR大阪駅周辺、いわゆる梅田の変貌ぶりに驚かれているのではないかと思います。

まず、大阪駅そのものが大きく変わりました。2011年5月に、巨大な大屋根を付けた駅と、高さ150メートルの超高層ビルなどで構成された、総延床面積約53万平方メートルの「大阪ステーションシティ」が誕生。キーテナントであるルクア1100と大丸の2つの百貨店をはじめ、ショップ、レストラン、シネマコンプレックスなど、数多くの店舗が入居する巨大複合施設に生まれ変わりました。

大阪駅の周辺は、阪急百貨店や阪神百貨店、大丸など、数多くのデパートが集まっている大阪きってのショッピングエリアです。

大丸梅田店が「大阪ステーションシティ」でリニューアルオープンし、老舗である阪急百貨店うめだ本店も、老朽化していた建物を改築して、高さ187メートルのオフィスビルを備えた巨大複合施設にする計画を発表。2012年11月に百貨店をグランドオープンしました。また阪神梅田本店が入居する大阪神ビルと新阪急ビルの建て替えで、大阪梅田ツインタワーズ・サウスとして2018年春に百貨店が先行開業され、2021年に全面開業の予定です。

しかし、これらの変貌は、まだ幕開けにすぎません。

大阪駅の北側で、さらに大規模な都市再開発プロジェクトが始まっているのです。

実は大阪駅の北側には、総面積約24ヘクタールにも及ぶ広大な〝空き地〟が存在します。かつての国鉄梅田貨物駅の跡地です。

梅田貨物駅は、1987年に国鉄がJRとして民営化された際、国鉄清算事業の一環として売却されることが決定しました。それから30年近い時を経て、ようやく開発の動きが始まったのです。

「うめきた」ってどこ？

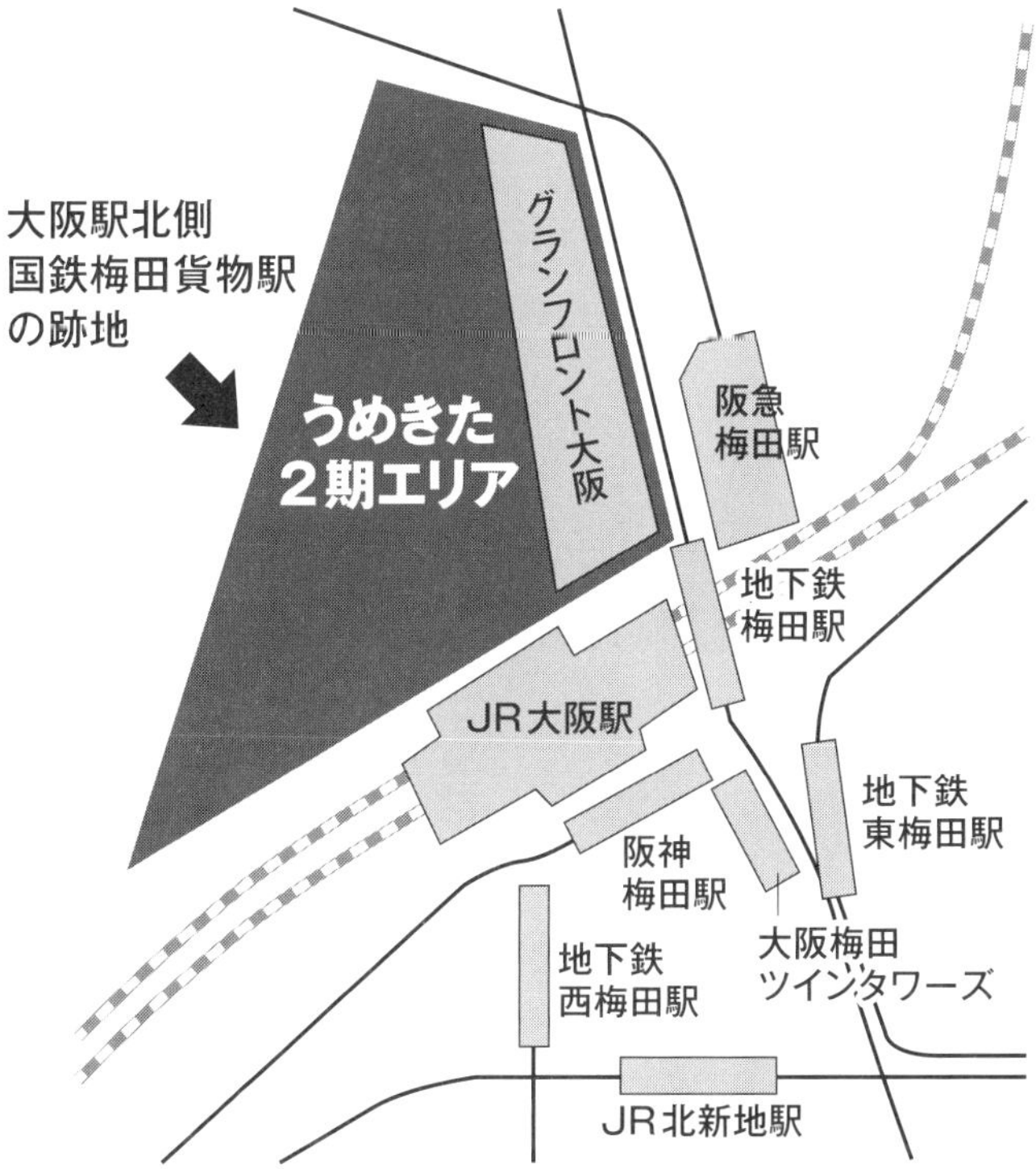

「うめきた２期」の再開発が
今後の大阪経済に与える影響は大！

この再開発エリアの正式名称は「梅田北ヤード」ですが、2011年に愛称を一般公募し、「うめきた」という名称に決定しました。

大阪駅に隣接して手付かずの広大な敷地が残る「うめきた」は、すでにほとんど開発し尽くされた大阪の中心部において、「最後の一等地」とも呼ばれています。

2013年4月には、開発の第1弾として大阪駅に隣接する一角に、新たな大型複合施設「グランフロント大阪」が完成しました。

「うめきた」の総面積約24ヘクタールのうち、約3分の1に当たる7ヘクタールを利用して、4つのタワーで構成される複合施設を建設。オフィスや住宅のほか、ホテル、ショッピングモール、ショップ、レストラン、劇場、コンベンションセンターなどが入っており、新たに一つの街が生まれたような印象です。

残る約17ヘクタールについても「うめきた2期工事」として、三菱地所他が順次開発を進めていく予定です。すべてが完成すれば、これまで南側が中心であった大阪駅周辺の人の流れはガラリと変わるかもしれません。

この「うめきた2期」再開発プロジェクトは、大阪の国家戦略特区プロジェクトの一部として位置付けられています。

政府は2014年5月1日、全国6エリアで展開する国家戦略特区の一つとして、関西圏（大阪府・兵庫県・京都府）を指定しました。関西圏の目標は、「健康・医療分野における国際的イノベーション拠点の形成を通じ、再生医療をはじめとする先端的な医薬品・医療機器等の研究開発事業化を推進するとともに、チャレンジングな人材の集まるビジネス環境を整えた国際都市を形成する」。この国家戦略特区の目標に沿って、多くの外国企業や外国人材を招き寄せるとなれば、その〝受け皿〟をつくらなければなりません。

つまり、「うめきた2期」の再開発も、大阪経済の再生と活性化に貢献する重要な役割を担っているわけです。

このように、大阪の街も東京に負けず劣らずの変貌を遂げているのですが、全国であまり知られていないのは非常に残念なことです。

しかし、だからこそ大阪の不動産は、バブル景気時代のように極端な価格変動にさらされることなく、安定的な資産価値が保てるのだとも言えます。

また、これらの再開発によって大阪経済が着実に発展すれば、ワンルームマンションをはじめとする賃貸不動産の家賃収入も安定し続けるのではないでしょうか。

単身世帯が増え続ける大阪は空室リスクを避けるうえでも魅力的

人口減少時代なのに大阪中心6区の人口は増え続けている

株式投資にせよ、外国為替投資にせよ、「投資」と名の付くものには、必ずリスクが存在します。

もちろん不動産投資も例外ではありません。ワンルームマンション投資にかかわるリスクについては、後ほど第3章で詳しく解説しますが、なかでも特に注意したいのが空室リスクです。

ワンルームマンションを買ったのはいいけれど、入居者がなかなか決まらない、長く住んでもらえないというのでは、思ったように家賃収入が得られません。

そうした空室リスクを避けるためには、物件選びも大切ですが、まずは入居者が常に確保できるような場所（立地）を選定することが何よりも重要だと言えます。

その点で最も魅力的なのは、東京の都心部でしょう。

人口減少時代にもかかわらず、日本の経済の中心である東京の人口は年々増え続けています。地方や海外から仕事に来る人、生活の不便な地方から便利な東京に移り住む人などが、どんどん流入しているからです。

しかし、ここまで何度も述べてきたように、東京の不動産価格は高すぎるので、ワンルームマンション投資にはあまり向かないとわたしは考えています。どんなに空室リスクが低くても、物件価格が高ければ利回りは低くなってしまいますし、何より空室時の負担が大きくなってしまいます。

では、大阪はどうでしょうか。

物件価格が割安なので利回りも相対的に高くなりやすいということは、これまでの説明でおわかりいただけたと思います。それに加えて、実は大阪の中心部は東京に負けず劣らず人口流入が多く、空室リスクも低いのです。

111ページの図表は、2018年の大阪市の人口異動を区ごとに示したものです。

ご覧のように、前の年に比べて人口が減っている区もありますが、中心部である「大阪中心6区」（北・福島・中央・西・天王寺・浪速）の人口は、北区が3711人（前年比2・9％増）、福島区が1515人（同2・0％増）、中央区が1656人（同1・7％増）、西区が2770人（同2・8％増）、天王寺区が805人（同1・0％増）、浪速区が641人（同0・9％増）と、いずれも増加しています。

しかもこの傾向は、日本の総人口の増加がピークを打った2009年以降もずっと続いており、大阪市全体で見ると毎年0・2～0・4％ずつ人口が増え続けているのです。

これは、全国3位の経済規模を誇る大阪が、西日本の中心地として、近畿や中国・四国、九州などからの人口流入を受け入れているからにほかなりません。

今後、万博・IR・うめきた2期再開発などによって大阪経済が発展すれば、人口流入はますます拡大するはずですし、外国からやって来る人材も増えるでしょう。

人口増加の傾向は、長期にわたって継続する可能性が高いと言えます。

大阪市の人口異動

	区名	人口（人）	増減数（人）	増減率（%）
★	**北**	133123	3711	2.9
	都島	106858	335	0.3
★	**福島**	75896	1515	2.0
	此花	65914	△448	△0.7
★	**中央**	98094	1656	1.7
★	**西**	100437	2770	2.8
	港	81076	11	0.0
	大正	63741	△614	△1.0
★	**天王寺**	79177	805	1.0
★	**浪速**	72991	641	0.9
	西淀川	95749	231	0.2
	淀川	180998	1862	1.0

区名	人口（人）	増減数（人）	増減率（%）
東淀川	176031	204	0.1
東成	82857	976	1.2
生野	129379	△314	△0.2
旭	91072	3	0.0
城東	166852	610	0.4
鶴見	111268	△295	△0.3
阿倍野	109172	530	0.5
住之江	121364	△421	△0.3
住吉	153361	11	0.0
東住吉	125907	△254	△0.2
平野	193925	△1030	△0.5
西成	109764	△646	△0.6

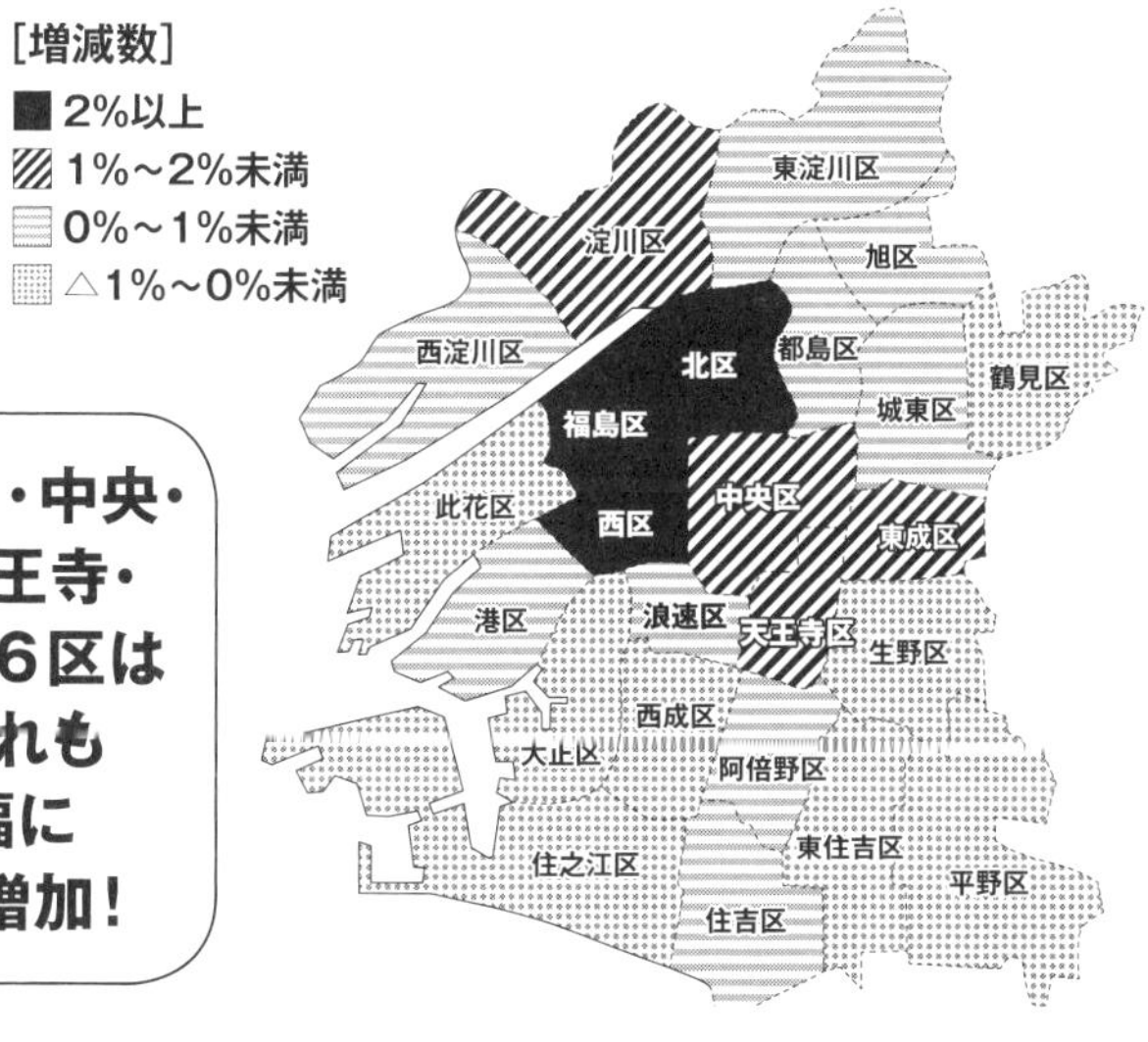

北・福島・中央・西・天王寺・浪速の6区はいずれも大幅に人口増加！

出典：大阪市「大阪市の推計人口年報」（2018年）

ワンルームマンションを求める単身世帯の数が増えている

大阪市の人口動態でもう一つ注目すべき点は、世帯数の推移です。

大阪市の統計によると、2018年の世帯数は前年比1・4％増の141万2983世帯。すべての区で、前の年よりも世帯数が増加しています。

なかでも「大阪中心6区」と呼ばれる中心部は、北区が前年比3・1％増、福島区は2・9％増、中央区は1・8％増、西区は3・8％増と大きな伸びを示しています。

世帯数が増えているのは、人口流入の拡大とともに、単身世帯が増加していることが大きな理由です。

特に世帯数の伸び率が高い「大阪中心6区」の場合、2018年の1世帯当たり人員は、北区が1・66人、福島区が1・89人、中央区が1・56人、西区が1・74人、天王寺区が1・98人、浪速区が1・44人といずれも2人を割り込んでおり、単身世帯の割合が高いことは明らかです。

大阪市の世帯数

	区名	世帯数（世帯）	増減率（%）	1世帯当たり人員（人）
★	**北**	**80383**	**3.1**	**1.66**
	都島	54424	1.2	1.96
★	**福島**	**40201**	**2.9**	**1.89**
	此花	31505	0.6	2.09
★	**中央**	**62681**	**1.8**	**1.56**
★	**西**	**57766**	**3.8**	**1.74**
	港	40981	1.2	1.98
	大正	29674	0.4	2.15
★	**天王寺**	**40066**	**1.2**	**1.98**
★	**浪速**	**50595**	**1.3**	**1.44**
	西淀川	44732	1.7	2.14
	淀川	99874	1.9	1.81

区名	世帯数（世帯）	増減率（%）	1世帯当たり人員（人）
東淀川	96308	1.2	1.83
東成	42949	3.0	1.93
生野	66128	1.2	1.96
旭	44533	0.9	2.05
城東	79448	1.2	2.10
鶴見	47356	0.6	2.35
阿倍野	51650	1.0	2.11
住之江	58323	0.8	2.08
住吉	73184	1.1	2.10
東住吉	59333	1.0	2.12
平野	91178	0.7	2.13
西成	69711	0.4	1.57

出典：大阪市「大阪市の推計人口年報」（2018年）

大阪中心６区は単身者が多いので
ワンルームマンションの需要が高い！

ワンルームマンション投資をする場合、ターゲットとなる単身者が多い地域であればあるほど空室リスクを抑えられるのですから、「大阪中心6区」と新幹線が止まる「新大阪」は非常に望ましい環境が整っていると言えるでしょう。

「大阪中心6区」は、大阪経済の中心地であるだけでなく、数多くの百貨店が立ち並ぶショッピングエリアである梅田、〝食い道楽〟や娯楽の街として知られる難波《なんば》、そして日本一の超高層ビル「あべのハルカス」のある天王寺など、生活や娯楽を楽しめる場所も集中している地域です。

JR大阪環状線の内側にあるため、通勤に便利で、都会的な暮らしもエンジョイできることから、この地域のワンルームマンションに住みたいと考える若者は少なくありません。

しかも、東京の中心地に住むとなれば、ワンルームマンションでも月10万円前後の家賃を覚悟しなければなりませんが、「大阪中心6区」なら月7万～8万円で借りられるのですから、非常にリーズナブルだと思います。

これらの点から、わたしの会社では「大阪でワンルームマンション投資を始めたい」とご相談に来られる方には、「大阪中心6区」＋「新大阪」の物件を中心に検討してはどうでしょうかとアドバイスしています。

東京の物件に比べて利回りが高く、空室リスクが低いという点に、非常に大きなメリットを感じる方が多いようです。

法人需要が高いことも空室リスクが低い大きな理由

大阪のワンルームマンションの空室リスクが低いのには、もう一つの理由があります。それは、「大阪中心6区」にはほとんど大学がなく、東京に比べると学生等の個人より相対的に法人需要が高いことです。

第1章でも解説したように、企業が社宅代わりにワンルームマンションを借り上げて、単身社員に提供する動きが広がっていますが、大阪では特にその動きが顕著なのです。物件によっては半分以上が大手法人の社宅として借り上げられているケースもあります。

法人であれば、比較的長期にわたって賃貸契約を結んでもらえるので、その分、空室リスクは低減されますし、家賃滞納などの問題もほとんどありません。

なかでも大企業の本社や関西支社が集中する「大阪中心6区」は、法人需要の割合が特に高いエリアとして知られています。

ビジネス街からおしゃれエリアまで それぞれ異なる「大阪中心6区」の魅力

自分が住んでいる街以外の不動産を購入するとなると、土地勘のなさから、どうしても不安になることが多いと思います。

そこで、「大阪中心6区」のそれぞれの区の特徴をもう少し詳しく紹介しましょう。

【北区】

中心地の梅田は、2013年4月に「グランフロント大阪」がオープンし、数多くの百貨店や商業施設が密集する大阪きっての繁華街。梅田から中之島にかけての御堂筋界隈は日本を代表する大手企業の本社ビルや関西支社が立ち並び、関西屈指のビジネス街を形成しています。旧淀川の中州である中之島には、大阪市役所や日本銀行大阪支店などがあり、東京の丸の内・日本橋界隈と似たようなたたずまいをしています。

ビジネスの中心地ながら、長さ日本一の商店街として知られる「天神橋筋商店街」など、下町情緒あふれるエリアが多いのも特徴です。


【中央区】

淀屋橋、本町などの北部は、北区と並んで大手企業の本社や関西支社が多く、官公庁も集中しています。大阪取引所（旧大阪証券取引所）のある北浜は、関西を代表する金融街。また、大阪城の両側は大阪府庁や合同庁舎などの官庁街です。

一方、難波を中心とする南部は、大阪名物のたこ焼きや串カツ、ふぐ料理などの飲食店、各種アミューズメント施設などが密集する一大娯楽エリア。平日、休日を問わず、たくさんの若者や外国人観光客などでにぎわっています。

北部はもともとオフィス中心のエリアだったのですが、近年はタワーマンションやホテルも続々と建設され、今後も人口増加が予想できるエリアです。


【福島区】

北区の西側に隣接する区です。戦前までは小さな町工場が軒を連ねる下町でしたが、梅田に非常に近いことから、戦後に入ってからオフィスビルや商業施設が数多く建設され、1990年代以降はタワーマンションも相次いで建てられています。

2008年には、旧大阪大学医学部附属病院の跡地に大型複合施設「ほたるまち」が完成。朝日放送やABCホール、大学サテライトキャンパス、スーパー、レストラン、カフェ、スポーツジムなどのさまざまな施設が入って一大タウンを形成しています。

【西区】

北区、中央区、福島区の3つに隣接する西区は、通勤や買い物に便利であることから、マンションなどの住宅が密集している区です。

なかでも〝堀江〟は、東京で言えば青山や代官山のようなおしゃれな街で、若い女性が住みたい街ランキングでも常に上位に選ばれます。靭《うつぼ》公園をはじめとする公園や緑地も多く、ファミリー層にも大人気のエリアでタワーマンションや大規模マンションが続々と完売し、人口が急激に増えているエリアです。

【浪速区】

〝大阪の秋葉原〟と呼ばれる電気街の日本橋、通天閣や、大阪のB級グルメでおなじみの新世界などがあるエリアです。「大阪中心6区」のなかでは比較的、地価が安く、北区、中央区などのビジネス街への交通も便利であることから、若い単身者向けのワンルームマンションが多く建設されています。インバウンド向けのゲストハウス等、民泊物件が急増しているエリアです。

また、旧大阪球場跡地を再開発した「なんばパークス」など、若者に人気のスポットも充実しています。

【天王寺区】

JR大阪環状線の南のターミナル駅である天王寺を中心に、関西地域でも有数の商業地域が広がるエリアです。2014年3月には、先ほど紹介した「あべのハルカス」が完成して、若者の人気が高まりました。

区域の大半は、大阪のなかでも地盤がしっかりしている上町台地に位置しており、地震に強いことから高級住宅、マンションや病院などが数多く建設されています。大阪屈指の文教地区として知られる四天王寺夕陽丘は、ファミリー層に大人気のエリアです。

このように、同じ大阪の中心部でも、その特徴は区によってかなり異なります。

しかし、「大阪中心6区」であれば、通勤や生活の利便性を求める単身者のニーズを満たしており、中古ワンルームマンションの出物も比較的豊富なので、優良物件を見つけるチャンスは多いです。

大阪はほかの地方と比べると何が有利なのか？

ここまでの説明で、大阪のワンルームマンションは利回りの高さ、空室リスクの低さが大きな魅力的だということは、ご理解いただけたのではないかと思います。

とはいえ、利回りの高さだけを追求するのなら、大阪以外の道府県を選択する方法もあります。地方に行けば、大阪よりも価格の安いワンルームマンションがいくらでも売られているからです。

しかし、もしも検討している地域の経済や人口動態の先行きに不安があるのなら、絶対に物件の購入はお勧めしません。マンションを購入する地域を決めるうえで特に気を付けたいのは、その地域の経済が安定しているかどうかという点です。

例えば、名古屋を中心とする中京地域は、物件価格が比較的安く、トヨタ自動車のお膝元ということもあって地元経済もしっかりしているように見えます。

しかし、トヨタに大きく依存しすぎている経済構造のため、ひとたび不況になって車が売れなくなれば、中京地域の経済全体が冷え込むリスクを抱えているのです。

実際、リーマンショックが襲った２００８年には、トヨタの自動車販売が大きく落ち込んで赤字に転落。中京地域の経済にも大きなダメージをもたらしました。また、北海道のように、地元経済に占める公共事業の割合が高い地域は、国や地方自治体が事業予算を増やせば景気が拡大する半面、絞り込めば冷え込むという不安定さを抱えています。このような地域は、不動産市況や家賃相場も不安定になりがちです。その点、景気にかかわらず家賃相場が比較的安定しやすいのは、第1に東京、2番目は大阪ということになるでしょう。どちらも特定の企業や産業に依存することなく、さまざまな産業が集積しているからです。

なかでも、物件価格が手ごろで、利回りも高い大阪の中古ワンルームマンションは、日本のどの地域と比べても、かなり有利な投資物件であるとわたしは確信しています。

第3章

リスクを知って万が一に備える

リスクをきちんと把握して対策を打てばワンルームマンション投資は怖くない

空室リスクを招きやすいのはこんな物件！

この章では、ワンルームマンション投資にまつわるさまざまなリスクについて、詳しく説明します。

あらゆる投資にリスクは付きものですが、リスクの存在をきちんと認識したうえで有効な対策をしっかりと打っておけば、さほど恐れることはありません。

ワンルームマンション投資にかかわる主なリスクには、次の7つがあります。

❶空室リスク

❷家賃下落リスク
❸修繕リスク
❹災害リスク
❺流動性リスク（換金性に乏しい）
❻借り入れリスク（与信枠の減少など）
❼金利変動リスク

すでに前章までに説明したものもいくつかありますが、リスクについてはしっかりと把握しておいたほうがいいので、あえて繰り返し説明します。

第1に、ワンルームマンション投資にかかわる最大のリスクとして気を付けたいのが「空室リスク」です。

これは読んで字のごとく、所有するワンルームマンションに入居者が付かず、空室になってしまうリスクのこと。

空室が長引いて、入るはずの家賃が何ヵ月も入らなくなると、安定収入を失うだけでなく、ローン返済期間中であれば、返済額を家計から補てんしなければならなくなります。

空室が発生するのにはさまざまな原因がありますが、大きく分けると、①場所選びの問題、②物件選びの問題、③管理の問題の3つに集約できるのではないかと思います。

①と②については、借りる人の立場になってニーズを考えることが、リスクを減らすための重要なポイントであると言えます。

空室が発生しやすいということは、借りる人にとって魅力のない物件である可能性が高いからです。

まず①の場所選びですが、自分の住み慣れた街や土地勘のある街なら、どんな場所が単身者に人気があるのかということは、ある程度把握できるでしょう。

しかし、東京に住んでいる人が大阪のワンルームマンションを購入するといったように、知らない街で物件を探すとなると、果たして人気の高い場所を選べるかどうか、自信が持てないのではないでしょうか。

そう考えると、遠隔地の物件を取得する場合は、いかに頼れる現地の不動産会社を見つけられるかが重要になってきます。

もちろん、業者に任せっ切りにせず、自分でもそれなりに情報を集めて、人気の高いエリアを探す努力をすべきだと思いますが、それをサポートしてくれる頼もしい不動産会社（パートナー）を探すことが非常に大切です。

②の物件選びについても、同じことが言えるでしょう。

実は、好まれるワンルームマンションの種類というのは、エリアによっても大きく異なります。法人需要の多いエリアであれば、多少面積が狭くても企業が社宅として借りるのに適した、家賃の安い物件が好まれる場合がありますし、女子大学が近くにある場所では、地方から入学する娘のために、家賃は多少高くても、面積が広く、セキュリティのしっかりとしたワンルームマンションに住ませたいという親の需要があったりします。

つまり、どんなに場所が良くても、その場所のニーズに合った物件を選ばなければ、入居者を確保しにくくなる可能性があるわけです。

どのエリアで、どのような物件が人気なのかといった傾向は、やはり現地で数多くの物件を取り扱っている不動産会社のほうがしっかりと把握しています。

そうした情報を豊富に持っていて、親身になって相談に乗ってくれる不動産会社を見つけることが、空室リスクを回避するための有効な対策だと言えるかもしれません。

逆に自分の勘だけに頼って場所や物件を選ぶと、失敗するケースもあります。

また、自分の好みやこだわりで物件を選んでも、必ずしも借りる人の好みとは一致しないということも理解すべきでしょう。

趣味でワンルームマンション投資を始めるならともかく、しっかりと収益を確保したいのであれば、自分の好みよりも、借りる人の好みやニーズをしっかり把握して、それに合った物件を選ぶべきだと思います。


空室リスクを避けるためにもう一つ気を付けたいのが、③の管理の問題です。

空室の大きな原因は、入居者がなかなか決まらないことですが、一方で、せっかく入居してもらっても、管理への不満から、退去が後を絶たないケースも目立ちます。

例えば、

「備え付けのエアコンやガス給湯器などが故障して、何度も修理を依頼しているのに対応してもらえない」

「ご近所の騒音がうるさいので大家さんにクレームを頼んでも、まったく相手にしてもらえない」

などといった不満があると、入居者はそのワンルームマンションに住み続けたいとは思わないのではないでしょうか。

一般に入居者が退去すると、クリーニングをして、新たな入居者を確保するまでに早くて半月、通常は1～2ヵ月ほどかかります。それが何度も続くと、家賃収入が入らない期間はどんどん長くなってしまいます。

しかし、遠隔地に保有するワンルームマンションを自分自身で管理するのは容易なことではありません。

例えば、入居者から「エアコンが故障した」と連絡があった場合、すぐさま現地の最寄りの電気工事店に電話をして、修理に駆け付けてもらうことはできたとしても、その場に立ち会って、修理がきちんと行われているかどうかを自分の目で確かめることはできません。もしも修理に不備があって問題がきちんと解決されなかったら、入居者の不満はますます募り、退去に結び付いてしまう恐れもあります。

特に中古ワンルームマンションは、設備が老朽化しているケースも多く、こうしたトラブルが起こりやすいのです。

このようなトラブルに迅速かつ適切に対処するには、自分自身で管理するよりも、それらを代行してくれる現地の不動産管理会社に依頼するのが無難でしょう。

こうした不動産管理会社は、マンションを販売・仲介してくれた不動産会社が紹介してくれることもありますし、不動産会社自身が管理サービスまで請け負ってくれる場合もあります。

ただし、業者によってサービスの内容や質には差があるので、なるべくサービスが行き届いていて、信頼の置ける不動産管理会社を選ぶことが大切です。

不動産会社は入居率の高さに注目 入居者が付いている物件ならひとまずは安心

空室リスクを抑えるためには、①場所選び、②物件選び、③管理の3つが重要であることはおわかりいただけたと思います。

このほかに、もう一つ重要なポイントを挙げるとすれば、物件を販売・仲介してくれる不動産会社の実績を見ることも大事だと言えます。

例えば、販売・仲介した物件の入居率が95％以上といったように高水準であれば、その不動産会社が紹介してくれる物件のほとんどは、①～③の３つの条件を兼ね備えている可能性が高いと言えます。

ちなみに、大阪でワンルームマンションの販売・仲介を行っている不動産会社は、入居率95％以上の実績を挙げている会社が少なくありません。

この入居率の高さは、第２章でも述べたように、大阪でワンルームマンションを求める単身者が年々増え続けていることも大きく関係しているのでしょう。

手前味噌ではありますが、わたしが経営する不動産会社も、販売したワンルームマンションの入居率が99％（２０１８年12月末日現在）と、ほぼ〝満室〟に近い実績を誇っています。

この数字には、退去後のリフォームによる一時的な空きも含まれているので、実質的には〝空室ゼロ〟と言っても言いすぎではありません。

なぜ、このような実績を実現できているのかについては第４章で解説します。

ところで、中古ワンルームマンションの取得には、いったん入居者が退去して空室状態の物件を購入するケースと、入居者が付いたままの物件を購入するケース（オーナーチェンジ）がありますが、空室による収入のロスを回避するためには、断然、後者のほうが有利であることは言うまでもありません。

購入してから新たに入居者を確保するとなると、場合によっては、数ヵ月にわたって家賃収入が確保できなくなることもあるからです。

こうしたロスをなくすため、当社では、最初から入居者の付いている中古ワンルームマンションを販売しています。これについても第4章で詳しく解説します。

家賃下落リスクを抑えるためにも場所選びが大切

空室リスクと並んで、ワンルームマンション投資で特に気を付けたいのが家賃下落リスクです。

たとえ買った当初の家賃収入が高めでも、その水準が10年、20年と続く保証はありません。生命保険や個人年金の代わりに、長期にわたって安定収入を確保したいのであれば、家賃が下がりにくい物件を選ぶことが大切だと言えます。

特にマンションの場合、建物が老朽化するにつれて家賃が下がっていくのが一般的ですから、いかに建物の質が高く、管理状態のいい物件を選ぶかということが非常に重要なポイントとなります。

さらにここでも注意したいのが場所選びです。

先ほど、空室リスクを回避するためには場所選びが肝心だという話をしたばかりですが、入居者に好まれやすい立地を選択すると、安定的な需要が確保できるため、家賃も下がりにくいのです。

大阪で言えば、人口および単身世帯が増え続けている「大阪中心6区」などは、まさに長期にわたって安定的な需要が期待できる理想的な場所だと言えるでしょう。

余談ですが、日本最古の分譲マンションは、どこにあるかご存じでしょうか？

正解は東京・渋谷。東京都建築局が1953年に建設した「宮益坂ビルディング」（旧宮益坂アパート）です。

築60年以上が経過した老朽ビルにもかかわらず、建て替え工事が始まる直前の2016年でもこのマンションはほぼ満室。そのうえ家賃は、インフレの影響もあって完成当時と比べて大きく上昇していました。

また、日本初の超高層ビルである「霞が関ビルディング」は、今から約50年前の1968年に完成していますが、現在のオフィス賃料は完成当時とは比べものにならないほど大幅に値上がりしています。

ここで着目したいのは、「霞が関ビルディング」は住宅の超一等地、「霞が関ビルディング」は官庁街に建設されたということ。

つまり、場所さえ良ければ、どんなに建物が老朽化しても家賃が下がることはなく、むしろ上がる可能性だってあるわけです。

家賃下落リスクを回避するためには、10年後、20年後も、その地域のマンション需要が維持され続けているかどうかを、できるだけ正確に予想することが大切だと言えます。

現地の地方自治体による人口動態予測や、不動産需要に大きく影響する現地の経済予想などの資料を集めて、丹念に分析してみるのもいいでしょう。

入居者の家賃滞納も大きなリスク 頼れる管理会社を選ぶべき

空室リスクや家賃下落リスクは、場所の良し悪し、物件の良し悪しにかかわる問題ですが、ワンルームマンション投資には、入居者に起因するリスクも存在します。

特に起こりやすいのが、入居者が家賃を滞納したり、家賃を払わずに無断退去（いわゆる〝夜逃げ〟）をしたりする問題です。

物件が近所にあれば、直接入居者を訪ねて様子をうかがったり、家賃を催促したりすることもできますが、遠隔地に所有する物件の場合は、なかなかそうはいきません。できれば、こうした入居者の管理も、自分で行うのではなく、地元の不動産管理会社に任せるのが望ましいと言えるでしょう。

通常、不動産管理会社は、入居者の募集、入居者との賃貸借契約の締結、家賃の集金、退去の立ち会いなどのサービスを提供してくれます。

信頼の置ける不動産管理会社は、募集の段階で入居希望者とじっくり面談し、問題を起こしそうにないかどうかを判断して選んでくれますし、万が一、家賃を滞納した場合は、きちんと入居者と交渉してくれます。

また、あまりにも滞納が続くようであれば、法的手段も含めて、強制的に退去を促してくれる場合もあります。

家賃を滞納されると、本来入るはずの収入が途絶えてしまいますし、滞納が長引けば長引くほど、回収できる見込みも低くなります。

さらに無断退去されてしまうと、リフォーム代のほかに、入居者が残していった家具や家電、衣料などの後始末もしなければなりません。

ゴミ屋敷にされてしまった場合、回収業者に処理を頼むだけで数十万円から数百万円かかることもあります。それでは、何のためにワンルームマンション投資を始めたのか、まったく意味がわからなくなってしまいます。

そのような事態に陥らないためにも、遠隔地に所有する物件の入居者管理は、頼れる不動産管理会社に委託するのが望ましいと思います。

また、最近は入居者との賃貸契約の際、保証会社に加入してもらうケースがほとんどです。その保証料は入居者負担となり、家賃の滞納等のリスクをカバーすることができますので、賃貸募集の際に保証会社への加入を必須条件にされることをお勧めします。

「中古ワンルームマンション」における大きなリスクが修繕費

中古ワンルームマンションを購入する場合は、建物や設備がどのくらい傷んでいるのかということも十分チェックする必要があります。

わたしも今まで数多く経験しましたが、利回りがいい築古のワンルームマンションは、購入してすぐに修繕費がかかる可能性があります。

利回りがいいのは、物件価格が安いからですが、安いということは、それだけ建物や設備も古くなっていることが多いからです。

特に、給湯器や電気温水器の交換には、10万円以上のコストがかかり、想定していた利回りを大幅に下回ることになります。

また、築年数の古いワンルームマンションは、壁や床などがボロボロになっていることもあり、入居前のリフォーム代がかなりの負担となる場合もあります。これも利回りを下げる原因となります。

やはり、不動産に「掘り出しもの」などないと思ったほうがよく、築年数はできれば10年未満で、修繕費が当分かかりそうにない物件を選んだほうが安心かと思われます。

防ぎようのない災害リスクは保険でカバーしておく

「不動産」という言葉にはどっしりとした重みがありますが、実際にはそうでもないということは、東日本大震災を経験したわたしたち日本人にとって、すっかり〝常識〟と化してしまったのではないでしょうか。

どんなに立派な建物でも、ひとたび大きな地震や津波が襲いかかれば、一瞬にしてがれきと化してしまうことをわたしたちは目の当たりにしました。

せっかく買ったワンルームマンションが、そうした災害で破壊されてしまったら、家賃収入が途絶えるだけでなく、資産としての価値もなくなってしまいます。

もちろん、突然襲ってくる大災害は防ごうにも防ぎ切れるものではありませんが、被害を最小限に食い止め、万が一被害を受けたとしても、十分な補償を受けられるように準備をしておくべきです。


被害を最小限に食い止めるために心がけたいのは、立地や建物の構造の確認です。

絶対に地震の起こらない場所などありませんが、地震や津波が発生しても建物が壊れにくい場所はあります。言うまでもなく、高台に位置し、地盤がしっかりしている場所です。

最近は、各地域の標高や地盤の強度などを地図で示してくれるインターネットの情報サービスもあるので、利用してみるのもいいでしょう。

ちなみに、わたしの地元である大阪には、大阪城のある中央区から天王寺区や阿倍野区、住吉区の一部にまたがる「上町台地」という高台があり、地盤もしっかりしていることから、比較的安全な住宅エリアとして人気が高いです。


建物についても、できる限り築年数が浅く、耐震強度の高いものを選ぶのが望ましいでしょう。

築30年以内のマンションであれば、1981年に施行された「新耐震基準」に基づき、震度6以上の地震でも倒壊しない強度を保っているので、比較的安全であると言えます。

より安全なのは、2000年4月に施行された「住宅品質確保促進法」に基づいて、「耐震等級」が与えられているマンションです。耐震等級が1~3クラスのマンションであれば、数百年に1度の大地震が発生しても、倒壊や崩壊を免れうるほどの強靭な構造を備えています。

もちろん、それでも建物が「絶対に倒れない」という保証はありません。万が一のことを考えて、地震保険には必ず入っておくことをお勧めします。

地震保険は、火災保険とセットで加入するもので、地震のほか、噴火、津波などによる建物の損害をカバーすることができます。

通常の火災保険だけだと、地震による火災は補償されませんが、地震保険にも入っておけば問題ありません。

保険料や保険金額は、契約内容によっても異なりますが、ある大手損害保険会社の場合、年間の保険料は保険金額100万円につき約1300円（保障期間1年、鉄骨造・コンクリート造、大阪府の例）となっています。

換金性が乏しい不動産はお金を借りて買ったほうが有利

わたしの会社にワンルームマンション投資のご相談に来られる方のなかには、すでにある程度の現預金資産をお持ちの方も少なからずいらっしゃいます。

なかには、「お金はあるのだから、ローンを借りずに、すべて自己資金で中古ワンルームマンションを購入したい」という方もおられますが、わたしはあまりお勧めしていません。なぜなら、不動産は現預金や有価証券（株式・債券）などと比べると、非常に流動性の低い資産だからです。

流動性とは、取引や換金のしやすさのこと。

例えば上場株式の場合、証券取引所で常に売り買いが行われているので、取引が成立しやすく、取引が成立（約定）した4営業日後には、売った株を現金化できます。つまり上場株式は、比較的流動性が高い資産であると言えます。

これに対し不動産は、売りたい人と買いたい人が1対1で取引するものなので、買い手がなかなか見つからなかったり、提示した価格では買ってもらえなかったりすることも珍しくありません。そのため、上場株式のように取引が成立するチャンスは少なく、現金化にも時間がかかります。

資産のなかで最も流動性が高いのは、言うまでもなく現預金です。換金しやすいどころか、お金そのものなので、いつでも自由に使ったり、何かに投資したりすることができます。


ところが、その現金を不動産という資産に換えてしまうと、たちまち流動性が低くなり、いざというときにお金が欲しいと思っても、なかなか現金に戻すことができません。資産は持っているけれど、手元の資金がないので、泣く泣く借金せざるをえないといったことも起こりうるわけです。

ワンルームマンションをすべて自己資金（現預金）で購入するというのは、わざわざそうした事態に自分を追い込んでしまうのと同じことです。

ローンを借りて物件を購入すれば、月々の返済に数万円ずつ支払うだけで、手持ちの現預金はそのまま温存できます。その分、お金の使い道が自由になるのです。

また、定年退職すると、ローンは組めないと思われる方も多いでしょうが、自己資金を物件価格の半分以上入れたら組めるローン商品もありますので、最近はそういったローン商品のニーズも増えています。

いざというときの資金として確保しておいてもいいでしょうし、生活資金が足りないときは取り崩して使うことだってできます。

さらには、ワンルームマンション投資と並行して、投資信託や純金積み立てといった別の投資にお金を充てる方法もあるでしょう。

こうした点から、わたしは、ワンルームマンションは現金購入ではなく、なるべくローンを組んで購入することをお勧めしています。

自己資金を投入するにしても、ローンの頭金は極力最小限にとどめて、使えるお金を残しておくほうが望ましいのではないかと思います。

与信枠が減ると、購入できる物件数も少なくなる

ワンルームマンションはなるべく自己資金ではなく、ローンを組んで買ったほうがいいと書いたばかりですが、一方で、借り入れが多くなりすぎるのも、それなりの問題があります。与信枠（借入可能額）が減ることによって、ほかの借り入れに影響が出てしまうのです。

第1章で、まだマイホームを購入していない人は、購入してからワンルームマンション投資を始めたほうがいいとアドバイスしたのを覚えていますでしょうか。

先にワンルームマンション投資のためにローンを組んでしまうと、その分、与信枠が減って、マイホームのためのローンが組めなくなる可能性があります。

年収500万円以上の人の場合、与信枠は年収の約8～10倍の約4000万～5000

万円です。どんなに大阪の中古ワンルームマンションが安いとは言っても、2～3戸購入すれば与信枠を目いっぱい使ってしまいますから、マイホーム購入のための与信枠はほとんど残りません。

投資はあくまでも、ゆとりあるライフプランを実現するための手段にすぎません。その〝たかが手段〟によって、人生の大きな目標であるマイホームの取得機会を失ってしまうというのは、本末転倒もはなはだしいとは思いませんか？

これからマイホームの購入を検討している人は、まず手に入れてから、残った与信枠でワンルームマンション投資をすることをお勧めします。それでも先にワンルームマンション投資を始めたい場合は、自身の与信枠をきちんと把握してから始めてください。

また、与信枠は年収を基準としているので、年齢を重ね、収入が増えるにつれて枠が大きくなる可能性もあります。

枠の増加とともに、少しずつ物件を増やしていく方法もあるでしょう。

一方、リストラや転職、独立などで年収がダウンすると、たちまち与信枠が減って、購入できる物件の数が少なくなってしまう場合もあります。

特に独立して個人事業主になった場合は、借り入れの条件がかなり厳しくなる覚悟はしておくべきでしょう。

ゆくゆく独立を考えているのであれば、与信枠がたっぷりあるサラリーマンのうちに、物件を取得しておいたほうがいいかもしれません。

変動型ローンは金利が上昇すると返済額が増える

ローンに関連するリスクとして、もう一つ注意しておきたいのが金利の動向です。

通常、投資用不動産に対するローンには変動金利が採用されています。

現在は、日銀の「異次元の金融緩和」によって空前の低金利が続いていますが、ひとたび政策金利が上昇すると、ローン金利も上がって返済額が増える可能性があるのです。

例えば、ローンの借入額が1200万円、借入期間が35年だとすると、月々の返済額は次のようになります。

金利年2・5%の場合　4万2899円
金利年3・5%の場合　4万9594円
金利年4・5%の場合　5万6790円
金利年5・5%の場合　6万4441円

ご覧のように、金利が年2・5%から3・5%に1・0ポイント上昇するだけでも月々の返済額は6000円以上、年5・5%に3・0ポイント上昇すると2万円以上も増えるのです。仮に月々の家賃収入が7万円だとすると、ローン返済のほかに管理費などを支払ったら、利益はほとんど手元に残りません。

もちろん、これはあくまでも理論上の計算です。

一般的に、金利上昇局面では、物価はインフレ気味に推移しているはずなので、不動産価格や家賃相場も上昇しているはず。ローンの返済額は増えますが、同時に家賃収入も増加している可能性が高いのです。したがって、実際にはそれなりの利益が確保できるとは思います。

ただし、金利があまりにも急激に上昇したときには注意したほうがいいでしょう。金利と家賃相場の動きにはタイムラグがあり、上昇ペースも異なるので、一時的に収支がマイナスとなる可能性は否定できません。

金利が急激に上がりそうなときは、繰り上げ返済によって借入額を減らす、より金利の低いローンに借り換えるといった対応も検討すべきでしょう。

ワンルームマンション投資のリスクをもう一度おさらい！

❶空室リスク

7つのリスクのなかでも最も気を付けたいリスク。場所選び、物件選び、管理をしっかり行えば空室を避けることもできる。

❷家賃下落リスク

マンションは年数が経つにつれて家賃が下がるのは一般的。しかし、抜群の立地条件であれば家賃が上がることも。

❸修繕リスク

築古で利回りが良い物件は、購入後すぐに、給湯器や電気温水器などの修繕費がかかることがあるため注意が必要。

❹災害リスク

地震や津波など、防ぎようのない自然災害に対しては地震保険や火災保険に加入して、準備をしておくことが重要。

❺流動性リスク

現金が欲しいとき、すぐに現金化するのが難しい不動産。購入時の頭金は抑えて、手元にお金を残しておくのがポイント。

❻借り入れリスク

与信枠が足りずにマイホームをあきらめることになってしまっては本末転倒。投資をする前に、マイホームを購入すること。

❼金利変動リスク

金利が上昇するとローン返済額も増える。急激に上昇する場合は、繰り上げ返済やローンの借り換えの検討を。

ワンルームマンションを買わないことにもリスクがある

以上、ワンルームマンション投資の主なリスクを見てきましたが、最後にもう一つ、意外なリスク（?・）についても触れておきましょう。

それは、「ワンルームマンションを買わない」ことのリスクです。

日銀の「異次元の金融緩和」や、それに伴う円安の進行によって、日本は今後、急速なインフレ時代に突入する公算が高まっています。

インフレの時代に強いのは、何と言っても不動産に代表される実物資産です。

現預金を持ち続けていても、物価が上がればその価値は相対的に目減りしてしまいます。これに対し、不動産の価格は物価上昇とともに上がる傾向が強いので、資産価値の目減りを抑えてくれる効果が期待できるのです。

しかも、投資用不動産の家賃相場も物価とともに上昇するので、老後の生活費が上がったとしても恐れるに足りません。

ワンルームマンション投資は、来るべきインフレ時代に立ち向かうためにも、非常に有効な戦略であると言えるでしょう。

また、ローンを組んでワンルームマンションを購入することは、現預金に偏っている資産ポートフォリオを見直し、不動産の割合を高めることを意味します。

流動性の高い現預金と、インフレに強い不動産をバランス良く持つことで、より機動的かつ安定的な資産運用が可能になるわけです。

このように、資産運用のリスクとリターンを考えるうえでは、特定の資産（ワンルームマンションなど）だけに注目するのではなく、現預金や有価証券も含めて、すべての資産を総合的に判断することが大切です。

第4章

信頼できる不動産会社の選び方

不動産会社の良し悪しを見極める4つのチェックポイント

遠隔地の物件を買うなら現地の不動産会社に任せるに限る

この章では、実際にワンルームマンションを購入するに当たって、どんな不動産会社から購入すればいいのか？　また、購入後の管理は、どんな不動産管理会社に任せればいいのか、ということについて解説したいと思います。

ワンルームマンションを購入するには、何はともあれ、不動産会社とコンタクトを取らなければなりません。

しかし、ひと口に不動産会社と言っても、一戸建て住宅やマンションを得意とする会社、オフィスビルや店舗物件を専門に扱う会社といった得意分野の違いもあれば、東証1部に上場しているような不動産会社から、街の小さな不動産屋さんまで、規模もさまざまです。

もちろん、目的がワンルームマンション投資であれば、ワンルームの物件を豊富に扱っている不動産会社であることが大前提です。そして、新築を専門とする会社なのか中古を専門とする会社なのか、両方扱っている会社なのかもチェックしなければなりません。

しかも、自分が住んでいない遠隔地の物件を購入するのなら、現地の事情に精通し、現地の物件情報を豊富に持っている不動産会社であることが絶対条件だと言えます。

たとえ全国展開する大手の不動産会社でも、東京の会社で「大阪のワンルームマンションを購入したい」と相談したところで、紹介してもらえる物件の数は限られてしまいますし、担当者が現地の事情をよく理解していないので、立地などの条件があまり良くない物件を勧められてしまう可能性もあります。そうした点を考えると、やはり現地の不動産会社に頼むのが望ましいと言えそうです。

現地の不動産会社であれば、その地域の人口動態、単身世帯に人気のエリア、好まれる部屋のタイプといった市場ニーズをきちんと把握しているものです。

例えば、わたしが経営する株式会社リンクスという不動産会社は、大阪をホームグラウンドとしており、取り扱っているのはほぼすべて大阪の物件です（ごく一部、京都と神戸の物件を扱っております）。

しかも、第2章でも解説したように、大阪のなかでも特にワンルームマンションの需要が高い「大阪中心6区」（北区・中央区・福島区・西区・浪速区・天王寺区）の物件で、なおかつ築年数が10年未満の〝築浅中古物件〟をメインとしながら新築も取り扱っているのが、当社の大きな特徴であると言えます。

このようにエリアを絞り込むと、市場動向を深く掘り下げて調査できるので、エリア内のどの場所なら、空室リスクや家賃下落リスクが低く、ワンルームマンション投資に向いているのかといった傾向を正確に把握することができます。

また、どこにどんなワンルームマンションがあるのか、新築も中古もそれぞれいくらで売られているのか、といったエリア内の物件動向を常に探っているので、いち早く物件を押さえて、数多くの選択肢を購入希望者に提案することも可能となるわけです。

わたしの会社では、「大阪でワンルームマンション投資をしたい」という方に物件を販売することを専門としているので、関西以外の都道府県の物件について現在は、一切取り扱っていません。

株式会社リンクスは２０１４年10月から東京オフィス（現在は新橋）を開設しましたが、これはあくまで、大阪でのワンルームマンション投資を検討している首都圏のお客さまのための相談窓口です。よほどのことがない限り、ここを拠点に新たに首都圏の物件を取り扱おうと考えているわけではありません。

なぜなら、わたしは首都圏のワンルームマンションを販売した経験がなく、住んだこともないので土地勘もほとんどないからです。

しかし、その代わりに、大阪のワンルームマンション、なかでも「大阪中心６区」の物件については、東京のどの不動産会社も太刀打ちできないほど、圧倒的な質と量の物件情報を確保しているという自信を持っています。

入居者の好みを知っていることも現地の不動産会社の強み

「ところ変われば品変わる」と言われるように、不動産に対する入居者の好みも地方によって大きく異なるものです。

そうした違いを理解して、現地の人に好まれる物件を選ぶことも、空室リスクをなくすための重要なポイントであると言えます。

例えば、わたしの会社が数多く取り扱っている「大阪中心6区」のワンルームマンションは、上層階よりも下層階のほうが入居者に好まれやすい傾向があります。

単純に低層階ほど家賃が安いからです。

これが東京であれば、「せっかく住むのなら、眺めのいい上層階に住みたい」と思う人のほうが多いのではないでしょうか。

もちろん、大阪の人にも、そうした希望がまったくないわけではありませんが、どちらかと言えば、ムードよりも実利を優先するのが〝せっかちな〟大阪人気質であるようです。

というのも、下層階の部屋であれば、上層階と違って階段で簡単に上り下りができます。

朝の通勤時間になるとエレベーターが混雑して、上層階までエレベーターが来るのに時間がかかったりするものですが、そんなときでも2、3階の住人なら、階段をさっと駆け下りるだけですぐに出かけられます。

また、万が一エレベーターが故障したりしたら、上層階の住人は延々と階段を上り下りしなければなりません。そうした手間を思うと、「上層階よりも下層階に住んだほうが便利だ」と大阪の人たちは考えるようです。

実際、大阪の新築ワンルームマンションは、下層階から順に入居者が埋まっていく傾向が強いようです。上り下りに便利なだけでなく、下層階のほうが上層階よりも家賃が安いことも、合理的な大阪人にとっては魅力的なのでしょう。

投資をする立場で考えれば、上層階よりも下層階のほうが入居者は付きやすいのですから、空室リスクを抑えるためには下層階の物件を購入するのが賢明であると言えます（もちろん極端に日当たりも眺望も悪い場合を除いてですが）。

こうした大阪独自の事情は、やはり大阪にある不動産会社でなければわかりません。

地元の入居者の好みをしっかり理解しているところも、現地の不動産会社の大きな強みであると言えるでしょう。

不動産会社は「信頼性」「実績」「サービス力」「専門性」で選ぶ

遠隔地のワンルームマンションを購入するのなら、現地の不動産会社に相談するのが望ましいということはご理解いただけたのではないかと思います。

もっとも、大阪には大阪で、不動産会社は星の数ほどあります。

そのなかから、いったいどのような会社を選んだらいいのでしょうか。

わたしは、次の4つのチェックポイントで不動産会社の良し悪しを見極めることをお勧めしています。

●チェックポイント1 「信頼性」

顧客から喜ばれ、リピートや別の顧客への紹介を頻繁に受けているような会社か？

●チェックポイント2「実績」
すでに販売したワンルームマンションがどれほどの入居率を確保しているか？

●チェックポイント3「サービス力」
顧客目線で、きめ細かなサービス対応やコミュニケーションを心がけているか？

●チェックポイント4「専門性」
社員教育が行き届き、誰に相談しても専門性の高いアドバイスが受けられるか？

このすべての条件を満たしているようなら、安心して投資の相談や物件探しを依頼できるのではないかと思います。
以下、それぞれのチェックポイントについて詳しく解説していきましょう。

チェックポイント1　「信頼性」リピート率の高さに注目する

不動産会社に限らず、あらゆる業種において大切なのは信頼です。

欠陥商品や、ぞんざいなサービスを提供している会社は、おのずと顧客からの信頼をなくし、会社そのものの存在すら失ってしまうものです。

逆に良質な商品、優れたサービスを提供している会社は、顧客から喜ばれ、評判が評判を呼んで、「試してみたい」「また利用したい」という顧客がどんどん増えていきます。

そう考えると、顧客からのリピートオーダーが多い会社、別の顧客に紹介にしてもらえる機会が多い会社ほど、信頼性が高い会社であると言えるのではないでしょうか。

自分が住んでいる街の不動産会社であれば、黙っていても評判はそれなりに伝わってくるものですが、遠隔地の不動産会社となると、信頼性の有無は、実際に現地に行って自分で調べるしかありません。

と言っても、訪問して、少し話をしただけで「この不動産会社は信頼できそうだ」と確

リピート率が高い不動産会社は信頼性も高い

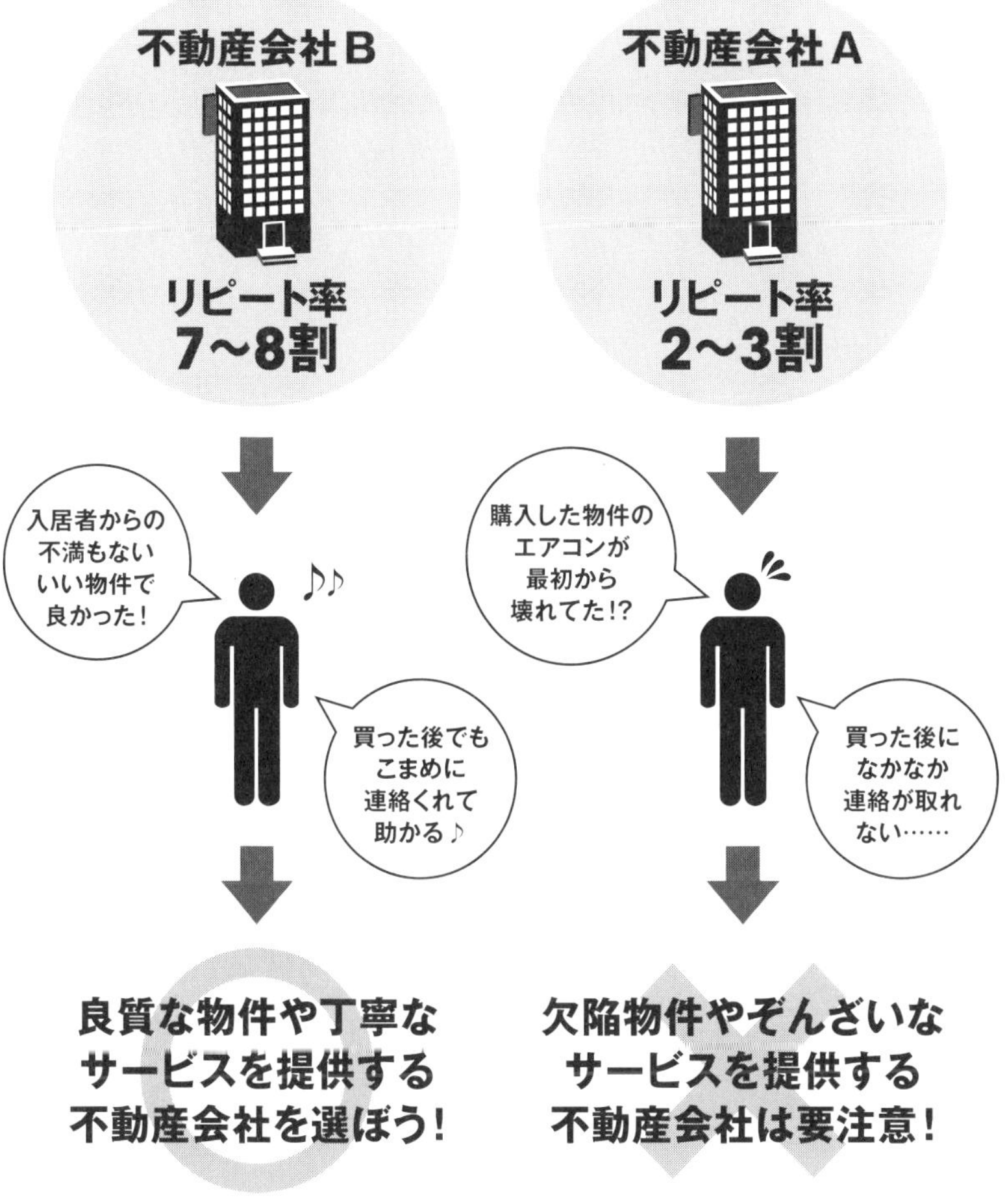

信を持つことは難しいはず。

その点、顧客のリピート率という目に見える数字があれば、少なくともその会社の信頼性を探るうえでの〝目安〟にはなるはずです。

ちなみに、わたしが経営するリンクスは、ワンルームマンションを購入されたお客さまからのリピート率が8割という実績を確保しています。

大阪のワンルームマンションは東京の約半額と安いため、2~3戸まとめて購入される方も多いのですが、手始めに1戸購入し、次にもう1戸、さらにもう1戸と、少しずつ物件を増やしていく方もいらっしゃいます。

リンクスでワンルームマンションを購入されたお客さまの8割は、2戸目、3戸目を購入する際にも、当社を選んでくださるのです。

また、当社から物件を購入して満足していただいたお客さまが、別のお客さまを紹介してくださるケースも少なくありません。

これは、リンクスが、東京に比べて有利な大阪のワンルームマンションを専門に扱っている数少ない業者であることも大きな理由だと思いますが、後述するように、実績やサービス力、専門性においても、同業他社に負けない強みを持っていることがお客さまから高く評価されているのではないかと自負しています。

チェックポイント2 「実績」入居率の高さは安心の証し

ワンルームマンション投資に興味はあるけれど、

「いざやってみようかと思っても、どうしてもためらってしまう」

という人は少なくありません。

躊躇する理由のなかで特に多いのは、やはり空室リスクへの不安です。

どんなに大阪のワンルームマンションが安いとは言っても、中古で1000～1700万円、新築で1900万～2100万円とそれなりに大きな金額なのですから、ちゃんと入居者が付いて、投資したお金を家賃収入で回収できるのかどうかというのは非常に気になるところでしょう。

そうした不安を解消するためには、すでに販売されているマンションの入居率が高い不動産会社を選ぶことも大切です。

先ほども述べたように、「大阪中心６区」のワンルームマンションを扱っている不動産会社の多くは、95％ほどの入居率を実現しています。

これほどの入居率の高さであれば、空室リスクはゼロではありませんが、申し分ない水準だと言えるのではないかと思います。

ただし、同じ「大阪中心６区」のワンルームマンションを扱っている不動産会社でも、入居率には微妙な差があるようです。

例えば、手前味噌ですが、わたしが経営するリンクスは、ほかの不動産会社よりも高い99％の入居率を常に維持しています（２０１８年12月末日現在）。

この違いは、どこから出てくるのでしょうか。

そもそも「大阪中心６区」の入居率が高いのは、単身世帯が多く、ワンルームマンションの需要が高いことが最大の理由であると言えます。つまり、場所に恵まれているということだけで、高い入居率を実現している不動産会社も少なくないわけです。

これに対し、リンクスのように、より高い入居率を実現している会社は、空室をとことんなくすためにさまざまな企業努力をしています。

例えば、むやみに数多くの物件を取り扱うのではなく、販売する物件を立地のいい物件に絞り込んで、引き渡し後の管理が十分行き届くようにしていることも、当社が販売したワンルームマンションの空室が少ない大きな理由です。

リンクスは2009年5月に設立した比較的若い会社ですが、これまでに販売したワンルームマンションのうち、約500戸以上をお客さまの代わりに管理しています。

大手不動産会社の場合、数千戸から数万戸単位のマンションを管理しているケースもあると思いますが、当社は管理する物件の数がまだ少ないため、一戸一戸に対して、入居者の確保や、入居者からの要望、クレームへの対応などがしっかりと行えます。

小さな会社ではありますが、小さいからこそ、少数精鋭で小回りが利くのです。

また、リンクスは、「大阪中心6区」の賃貸業者と緊密な関係を結んでおり、管理しているワンルームマンションに空きができれば、すぐに新しい入居者を確保できるように努力しています。

通常、前の入居者が退去してから、次の入居者が入るまでには、クリーニングやリフォームなどの作業で約半月から1ヵ月間を要します。

この1ヵ月が過ぎても入居者が入らない物件は「空室」と見なされるのですが、当社の場合は、退去通知が退去の1ヵ月前ないし2ヵ月までに来ますので、賃貸業者との連携によって、この1～2ヵ月の間に次の入居者を決めてしまうこともできます。これにより、空室日数がまったくないときもあるくらいです。

この努力は、空室の期間を少しでも短くして、家賃収入の減少を抑えたいというお客さまの切実なニーズに応えるもので、大変喜ばれています。そして最近では、入退居の入れ替わりのタイミングで家賃アップもできる範囲でチャレンジしています。

さらに、当社が販売する中古ワンルームマンションの大部分は、大阪で非常に名の通ったデベロッパーの開発物件であることも、入居率の高さに結び付いていると思います。

大阪以外ではあまり知られていないかもしれませんが、リンクスが扱っている中古ワンルームマンション物件は、株式会社プレサンスコーポレーション（ブランド名は「プレサンス」）、日本エスリード株式会社（同「エスリード」）など、地元大阪ではその名を知らない人のいないブランドマンションばかりです。

借りる側からすれば、名の通ったブランドマンションのほうが安心感はあるはずですから、入居者が決まりやすいのも当然だと言えます。また、こうしたブランドマンションは、中古物件の買い手も多いので、転売をするときにも非常に有利です。

そしてもう一つ、リンクスには、100%近い入居率を達成させるための決め手とも言える強みがあります。それは、すべての物件について、リンクスがいったん自社で取得してから、お客さまに販売していることです。

一般に中古ワンルームマンションを購入する場合は、不動産仲介業者を利用することが多いと思います。この場合、業者は自分で物件を所有しているわけではなく、あくまでも物件を売りたい人（オーナー）と買いたい人をマッチングするだけにすぎません。

これに対し、リンクスは自らの資金で物件を取得し、自社がオーナーになってから、仲介業者を通すことなく、お客さまに売主として直接物件を販売しているのです。

なぜ、このようなことをするのかと言えば、あらかじめ中古ワンルームマンションを自社で経営すれば、物件の状態がきちんと把握できるだけでなく、入居者が決まった状態でお客さまに販売できるからです。

お客さまの立場からすれば、買った当初から入居者が確保されているので、当面の空室リスクはさほど心配ありません。

しかも、購入した物件の管理を当社に任せていただければ、すでに経験のある物件なので、行き届いた管理サービスが提供できるというわけです。

この方式のもう一つのメリットは、当社とお客さまが直接取引するので、仲介業者に支払う仲介手数料がかからないことです。

通常、不動産売買の仲介には、物件価格の3％前後の仲介手数料が発生します。1500万円の物件なら、直接取引をすれば、約55万円の仲介手数料分のコストが浮く計算になるわけです。

そして最後に、引き渡し後の保証が付くことです。一般的な中古物件の取引は売主が個人のことがほとんどですので、引き渡し後の瑕疵担保責任はなく、引き渡しを受けてすぐに雨漏り等が起こっても売主に修繕費を負担してもらうことができません。しかし、当社が売主であれば、瑕疵担保責任が2年付きますので、引き渡してから2年以内であれば、雨漏り等が起こった場合、修繕費を負担いたします。

このように、リンクスは、さまざまな工夫によって入居率を高め、オーナーさまのご負担を減らす努力をしています。

入居率を上げるために不動産会社が行っていること

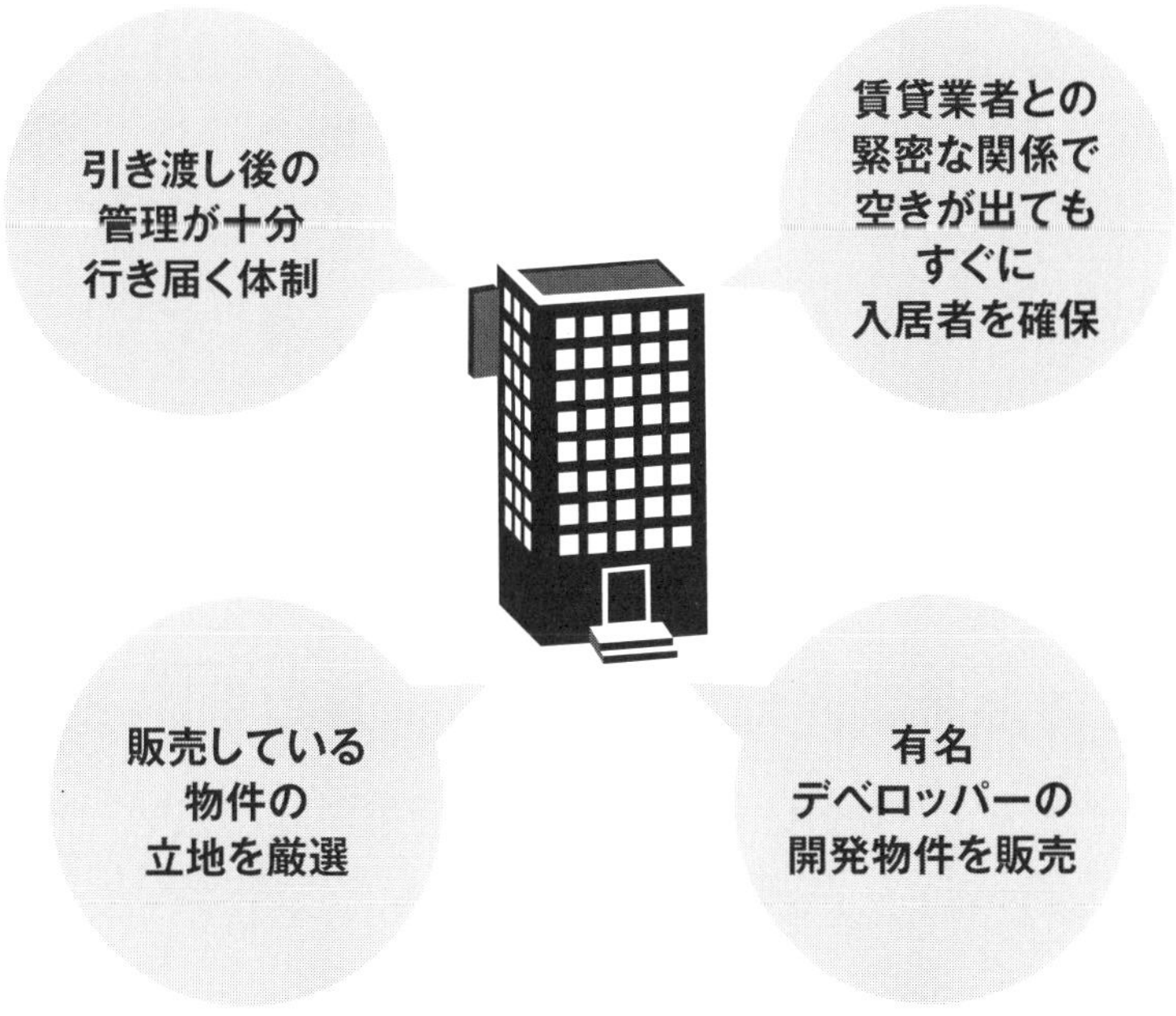
引き渡し後の
管理が十分
行き届く体制
賃貸業者との
緊密な関係で
空きが出ても
すぐに
入居者を確保
販売している
物件の
立地を厳選
有名
デベロッパーの
開発物件を販売

**上記に加え自社で物件を取得後、
販売している不動産会社なら、
空室リスクも抑えられてさらに安心！**

当社が8割という高いリピート率を実現している背景には、こうした努力がお客さまに認められ、評価されている側面もあると思います。

チェックポイント3 「サービス力」
顧客の立場で考え、行動しているか？

わたしは、自分で不動産会社を立ち上げる以前に、とある大手不動産会社の営業マンとして10年間働いた経験があります。

すべての大手がそうだとは思いませんが、わたしの知る限りでは、投資用マンションを買っていただけそうなお客さまに電話をかけまくり、とにかく契約の数と金額を稼ぐ荒っぽい営業活動をしている同業他社も少なくはありませんでした。

契約にこぎつけるまでは、「預金よりもはるかに大きな利回りが期待できますよ」「税金対策になりますよ」とお客さまをその気にさせておきながら、物件を引き渡し、代金を受け取ってしまったら、後はなかなか入居者が決まらなくても、家賃が下がろうとも、十分な対応をしてくれません。または、対応しようとはしていても、お客さまの求めるレベルにはいたってないことが多く見受けられました。

もっとも、こうした営業活動が当たり前に行われていたのは、ひと昔前のこと。

今では、お客さまの立場に立った親身な営業や、きめ細かなアフターフォローを実践することが不動産業界の常識となっています。


しかし現在でも、お客さまの利益を軽んじるような、自分勝手な営業活動を展開している不動産会社がまったく存在しないわけではありません。

不動産会社を選ぶ際には、どれだけお客さまの身になって物事を考え、行動しているかという点はしっかりチェックすべきでしょう。


特に、生命保険や個人年金の代わりに、老後生活の収入源としてワンルームマンションを取得する場合は、20年、30年と物件を所有し続けることになります。

購入後、それだけ長期にわたってじっくり面倒を見てくれる会社なのかどうかを確認することは非常に重要です。

しかも、遠隔地のワンルームマンションを取得して、遠く離れた現地の不動産会社と付き合うとなると、なおさら不安を感じるものです。

距離を感じさせず、緊密なコミュニケーションを取ってくれるのかどうかということも、不動産会社選びの大切なポイントだと言えます。


その点、わたしが経営するリンクスは、「お客さまを不安にさせない」ことを第一に考え、とにかくお客さまと密接にコミュニケーションを取ることを心がけています。

当社を通じて大阪のワンルームマンションを購入されるお客さまは、東京や横浜など、大阪以外にお住まいの方がかなりの割合を占めています。


もしも、それらのお客さまに対するコミュニケーションが疎遠になってしまうと、

「全然連絡がないけど、管理を任せているマンションに問題はないのか？」

「入居者に物件に対する不満はないのか？　トラブルは解消されているのか？」

密接にコミュニケーションを取る不動産会社とは？

定期的に
電話で状況を報告
LINE
書類送付前には
事前に連絡
ローン契約時には
金融機関の
担当も同行

**親身な不動産会社は
「顧客を不安にさせない」ことを
第一に行動している！**

といった不安がどんどん膨らんでしまうことでしょう。

そうした不安を取り除くために、マンションの管理を請け負っているお客さまに対しては、必ず定期的に電話やメールのほか、最近ではＬＩＮＥで連絡を取るようにしています。

また、マンション投資においては、入居者との賃貸契約や更新契約など、さまざまな手続きが必要となりますが、そうした書類をお客さまに郵送する際にも、必ず事前に「こういう書類をお送りします」という連絡をメールで入れるようにしています。

何の事前通知もなく、突然書類が送られてきても、お客さまは戸惑ってしまうのではないでしょうか。

そうしたことがないように、あらかじめ事前通知をして、お客さまに心の準備をしていただくわけです。

このほかリンクスでは、遠隔地のお客さまの元に出向いてマンション販売の契約を交わした後、銀行とのローンの契約をする際は、なるべく大阪にお越しいただくのではなく、お客さまのご自宅やご指定いただいた場所まで出向き、金融機関の担当者に同行してもらってローンの契約手続きを行います。お客さまの貴重な時間を無駄にしないためです。

ささいなことかもしれませんが、このようにお客さまの身になって細かく気を配ることも、当社に対するお客さまからの評価に結び付いているのではないかと思います。

チェックポイント4「専門性」
顧客の人生設計までトータルに考えているか？

不動産会社を選ぶうえでチェックしたいポイントの4つ目は、専門性の有無です。

この章の冒頭でもお話ししたように、ひと口に不動産会社と言っても、住宅を得意とする会社もあれば、オフィスや店舗物件を得意とする会社もあります。

また、同じ住宅を得意とする会社でも、マイホームの分譲・賃貸を専門とする会社や、ワンルームマンションをはじめとする投資用物件を専門に扱う会社もあります。

それぞれに必要とされる知識や経験、ノウハウは大きく異なるので、不動産会社を選ぶ際には専門性の有無をしっかりと見極めなければなりません。

投資用のワンルームマンションを購入する場合は、紹介してもらえる物件の数や種類が豊富であることはもちろん、新築か中古、どちらが自分に適しているのか？　空室リスクが低いのはどのエリアか？　いくらぐらいの家賃が設定可能で、どれだけの利回りが確保できるのか？　安定的な家賃収入が長期にわたって確保できるのか？　といった、投資を判断するうえでの疑問にもきちんと答えてくれるような会社であれば頼もしいと言えます。

さらに注目したいのは、すべての社員が、そうした高い専門性をきちんと備えているかどうかという点です。

社員教育が行き届いている会社であれば、どの社員が担当に付いても、専門性が高く、親身なサービスを受けられるものです。

逆に、「営業部長さんはしっかりしているけど、窓口でいつも応対してくれる社員は、何を聞いてもきちんとした答えが返ってこない」といった会社では、物件選びや管理を任せていいものかどうか不安になってしまいますし、実際、契約その他においてトラブルが発生することも珍しくありません。

わたしは業界に長くいる人間だからわかるのですが、不動産業は、人の出入りが非常に激しい業界です。にもかかわらず、すべての社員にきちんとした教育を行っていなければ、人が入れ替わって担当者が変更されたときに、十分なサービスが受けられなくなる可能性だってあります。実はこの担当者が辞めてしまうことが非常に大きなリスクの一つと言えます。

20年、30年と、長期にわたって物件の管理を任せるのであれば、誰が担当者になっても、安心して任せられる会社を選んだほうが望ましいのは言うまでもありません。

しっかりとした専門知識を持っているか？　こちらの聞きたいことにきちんと答えてくれているか？　といったことは、担当者と実際に面談したときにある程度実感できるものです。

もちろん、第一印象だけで全面的に信頼するのは望ましくありませんが、これに加えて、チェックポイント1の「リピート率」、チェックポイント2の「入居率」といった目に見える実績も判断材料としながら、頼れる不動産会社を絞り込みたいものです。

ちなみに、わたしが経営するリンクスは、チェックポイント3のところでも述べたように、お客さまとの緊密なコミュニケーションを非常に大切にしており、そのための社員教育は徹底的に行っています。

さらに、社員一人ひとりに高い専門性を備えてもらうために、高い志とやる気を持って自己研鑽に励んでもらえるような制度も整えています。

具体的な制度の一つが「FP（ファイナンシャルプランナー）手当」です。

これは、FPの資格を持っている社員に対しては、基本給プラスアルファの手当を給付するというもの。

FPをあまりご存じない方のためにひと言で説明すると、その役割は「家計づくりのプランナー」といったところでしょうか。

依頼主の人生設計や目標に合わせて、そのための資金をどのように準備するべきかというマネープランを、金融、税制、不動産、住宅ローン、生命保険、年金などの幅広い知識に基づいて組み立てていくのがFPの仕事です。

もちろん、目標のための資金づくりによって、日々の家計が圧迫され、今の暮らしが苦しくなってしまうのでは意味がありません。そうならないように、いかに家計の無駄を省きながら、今の暮らしと将来の目標に必要なお金を確保していくかを考えること。そこがFPの腕の見せどころであると言えます。

専門性を備えた担当者かどうかチェックしよう

- □ 紹介してくれる物件数や種類が豊富である
- □ 空室リスクが低いエリアを答えられる
- □ 適切な家賃設定と利回りをアドバイスしてくれる
- □ 安定的な家賃収入が確保できる物件を紹介してくれる

ところで、リンクスは不動産会社なのに、なぜ社員全員がFPの資格を持っているのかと疑問に感じられた方も多いのではないでしょうか？

じつは、リンクスが提供しているのは不動産関連サービスだけではありません。

むしろ、ファイナンシャルプランニング業務こそが当社のサービスの中核なのです。

そもそも、わたしが2009年にリンクスを立ち上げた目的は、FPの集団として、依頼主の家計の見直しや、将来設計のお手伝いをしたいということにありました。

家計にはさまざまなお金の無駄遣いがあり、日々の暮らしを圧迫し、将来の目標達成を妨げる要因となっています。

例えば、将来に不安を感じるあまり、生命保険や個人年金を無駄にかけすぎているご家庭も少なくありません。そうした無駄を見つけ出し、もっと合理的な資産運用に切り替えることによって、日々の生活も、将来目標も両立できるような家計プランを提案していきたいと考えたのです。

この会社設立当初の目的は、今でも変わっていません。

リンクスは、プロのFP集団として、お客さまの家計の見直しや将来設計をお手伝いし、見直しの手段の一つとして、ワンルームマンション投資をはじめとする不動産投資の提案も行っているわけです。

第1章で詳しく説明したように、家賃収入をローン返済に充てられるワンルームマンション投資は、生命保険や個人年金と違って、家計からの月々の〝持ち出し〟がありません。ローンを完済すれば、毎月安定的な家賃収入が確保できます。保険や個人年金とほぼ同じ効果が期待できて、より合理的な資産運用手段なのです。

とはいえ、ワンルームマンション投資は、あくまでも〝安心な老後生活〟を手に入れるための手段の一つにすぎません。

わたしたちは、ワンルームマンション投資も含めて、お客さまが将来の夢や、安心な老後を手に入れるためのマネープランづくりを総合的にお手伝いすることを本来の使命としているのです。

ですから、お客さまの資産状況や希望によっては、あえてワンルームマンション投資をお勧めしないこともあります。加入している生命保険や個人年金を見直すだけでも、家計や資産運用ポートフォリオが十分改善できる場合だってあるからです。

このように、お客さまの家計や人生設計まで総合的に診断し、必要に応じて不動産投資をお勧めするというのは、不動産だけを専門とする会社には真似のできない、当社ならではのサービスなのではないかと思っています。

ちなみに、わたし自身は、リンクスの社長を務める傍ら、外部のＦＰ向けに不動産投資に関するセミナーも頻繁に行っています。ＦＰが資格を更新するための単位取得に必要な継続教育研修セミナーです。1回2時間のセミナー受講で2単位が付与されます。これを2年間で普通資格のＡＦＰは15単位、上級資格のＣＦＰは30単位の取得が必要となります。

わたしは、不動産業界に入る前にＡＦＰ資格と出合い、不動産業に携わりながらＦＰの知識を生かしてきましたが、これは不動産業界においても、ＦＰの世界においても、やや異色の経歴であると言えます。

不動産業界と同じように、ＦＰの世界でも、家計の見直しや将来設計の一環として不動産投資を利用するという考え方は、まだあまり浸透していません。

しかし、ＦＰの立場で不動産業に携わってきたわたしは、両方の視点から、ワンルームマンション投資をマネープランに組み入れることのメリットを提言できます。

そのメリットをより多くの方々に知っていただくために、ＦＰ向けの不動産投資セミナーにも力を入れているのです。

いずれにしても、読者の方に理解していただきたいのは、ワンルームマンション投資はあくまでも〝実りある人生〟〝憂いなき老後〟を手に入れるための手段にすぎないということです。投資そのものを目的とするのは望ましいこととは言えません。

より良い家計や将来設計のために、ワンルームマンション投資が欠かせないと判断するのであれば始めてみるのもいいでしょうし、投資をしなくても十分だと考えるのなら、あえてする必要はありません。第3章で説明したとおり、どんなに小さくても、ワンルームマンション投資にはそれなりのリスクがあるのですから。

リンクスは、そうしたお客さまの判断を手助けすることができます。この点が普通の不動産会社との大きな違いではないかと思います。

不動産管理会社の選び方と管理サービスの種類について知る

自分で物件を管理するよりもプロに任せたほうが安心

ワンルームマンション投資は、物件を購入したら終わりではありません。

入居者が確保できなければ、家賃収入は入ってきませんし、確保した後も、「エアコンが故障した」「鍵をなくしてしまった」といったトラブルにきちんと対処してあげないと、長く住み続けてもらえません。

また、入居時の賃貸契約や更新契約、火災保険の更新など、入居者との間で、さまざまな契約を定期的に交わす必要もあります。

さらには、退去時の確認、退去後のリフォーム、新たな入居者の確保など、〝大家さん〟

がするべきことは山ほどあります。

こうした管理のすべてをオーナーが自分自身で行うこともできますが、よほど時間に余裕があって、まめな人でなければ務まらないでしょう。忙しいサラリーマンやワーキングウーマンの方々には、現実的には難しいのではないでしょうか。

ましてや、東京にお住まいの方が大阪のワンルームマンションを購入するといったように、遠隔地の物件を持つとなると、なおさら自分で管理するのは困難です。

むしろ、プロである不動産管理会社に全面的に任せたほうが、管理の抜けや漏れがなくなり、入居者からの要望やクレームにも迅速に対応できるので、空室リスクを抑えるうえでも有効だと言えます。

不動産管理会社は、独立運営している会社もありますが、不動産販売などを行っている会社が管理部門を設けていたり、グループとして管理会社を併設したりしているのが一般的です。

リンクスもグループとして管理会社を併設しており、これまでに販売したワンルームマンションの大部分は、その後の管理まで請け負っています。

実際の不動産管理サービスとはどのようなものなのか、リンクスのサービスを例に取って説明しましょう。

すべてをお任せできる管理委託契約

一定の管理委託料を支払うと、入居者の募集、賃貸借契約の締結、家賃の集金、退去立ち会い、入居者からの問い合わせやクレームへの対応など、賃貸にかかわる管理業務を広範囲にわたってお任せできるのが「管理委託契約」です。

リンクスでは「おまかせプラン」という名称で管理委託契約サービスを提供しており、管理委託料は月額3000円です。

管理委託料は不動産管理会社によって異なりますが、安さだけに注目するのではなく、受けられるサービスの内容や質もしっかりチェックしましょう。

入居者からの問い合わせやクレームをほったらかしにするなど、管理があまりにもずさんだと、退去されてしまうリスクが高まります。

管理委託契約の仕組み

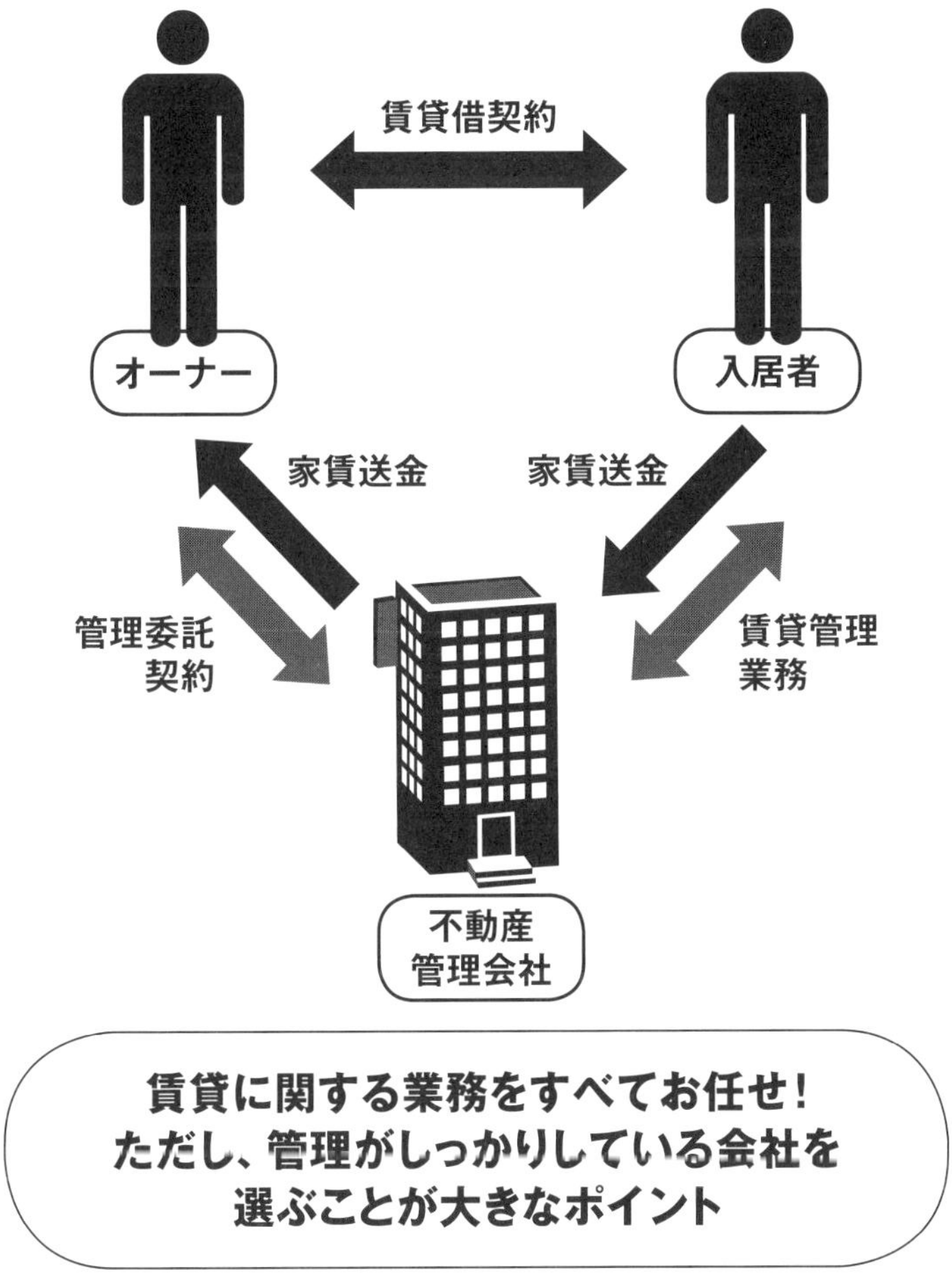
賃貸借契約
オーナー
入居者
家賃送金
家賃送金
管理委託
契約
賃貸管理
業務
不動産
管理会社
賃貸に関する業務をすべてお任せ!
ただし、管理がしっかりしている会社を
選ぶことが大きなポイント

逆に管理がしっかりしている会社を選べば、空室リスクは低減されます。

リンクスが販売したワンルームマンションは入居率99％を実現していますが、これは物件の立地や質の良さだけでなく、きめ細かで対応の良い管理サービスを提供していることも大きな理由であると思います。

家賃ゼロの不安がなくなるサブリース契約

どんなに管理がしっかりしていても、購入した物件が空室となるリスクはゼロにはなりません。それでも、「毎月の家賃を絶対に確保したい」というのであれば、サブリース契約を結ぶ方法もあります。

サブリース契約とは、保有する物件を不動産管理会社にまるごと借り上げてもらう契約のこと。つまり、入居者に直接物件を貸すのではなく、不動産管理会社を通じて〝また貸し〟するのです。

この場合、直接の借り手は不動産管理会社となるので、家賃も不動産管理会社から受け

サブリース契約の仕組み

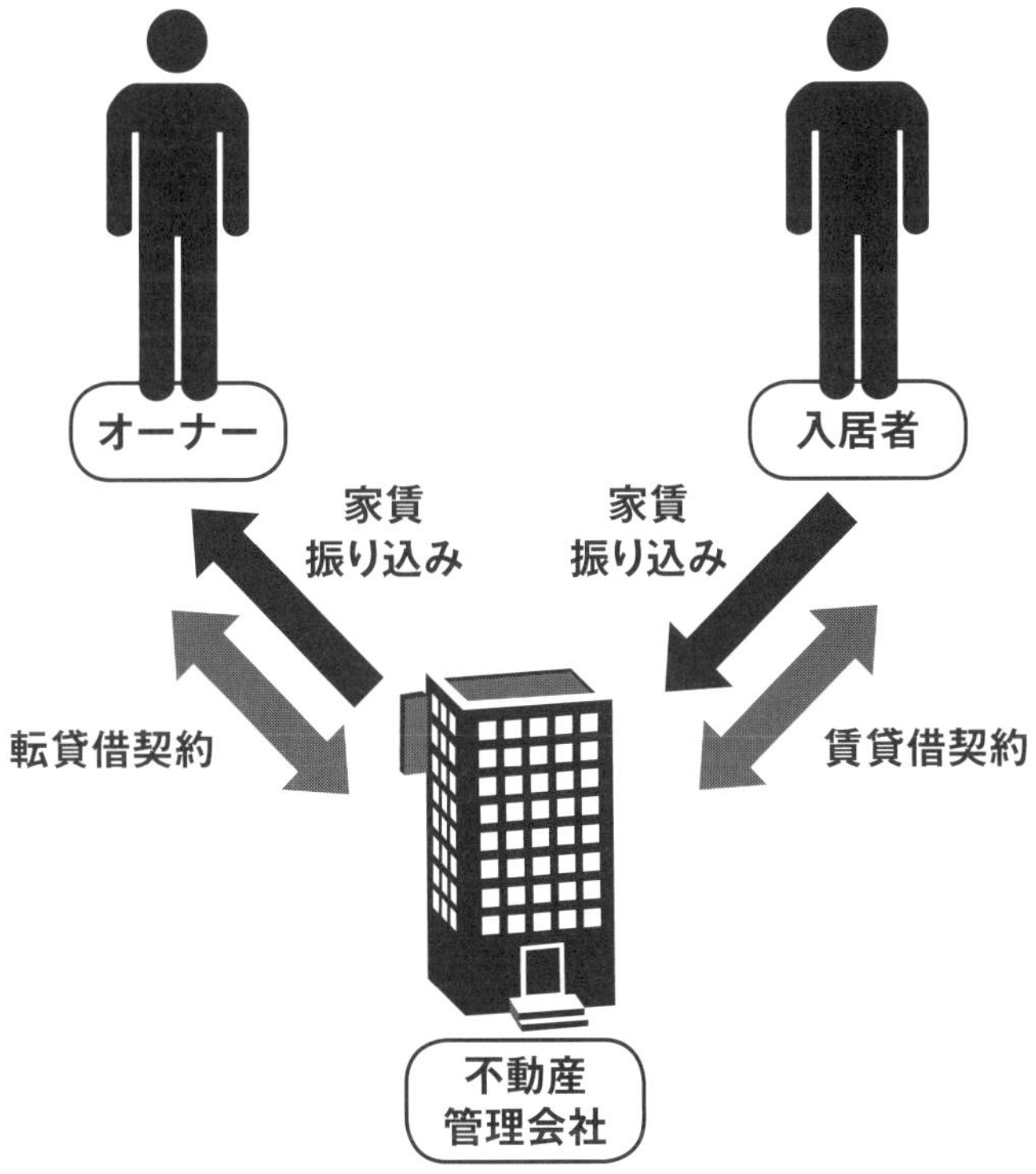

**毎月の家賃は必ず確保できるが、
受け取れる額は相場家賃の約80～90%**

取ります。会社によっても異なりますが、通常は相場家賃の約80〜90%を月々の家賃として受け取ることができます。

リンクスでは、「あんしんプラン」の名称でサブリース契約を提供しており、相場家賃の90%を毎月の家賃としてオーナーさまにお支払いしています。

サブリースした物件の管理は、不動産管理会社がきちんと行ってくれます。

仮に管理の不手際などで入居者が退去した場合、不動産管理会社は収入がゼロになってもオーナーに家賃を払い続けなければなりません。そうならないように、気合いを入れて管理をするわけです。

対応してもらえる管理サービスの内容は、基本的に管理委託契約と同じですが、相場より少ないとはいえ、毎月の家賃収入が確実に保証される点が大きな違いです。

大阪の中古ワンルームなら管理委託契約でも十分？

管理委託契約とサブリース契約の違いを、もう少しわかりやすく整理してみましょう。

どちらも全般的な不動産管理サービスが受けられるという点は共通していますが、次のようなメリット、デメリットの違いがあります。

【管理委託契約】
メリット　家賃収入は相場家賃の満額（管理委託料はかかる）
デメリット　空室が発生すると家賃収入が途絶える

【サブリース契約】
メリット　空室が発生しても家賃収入は保証される
デメリット　家賃収入は相場家賃の約80～90％

これを考えると、「空室リスクは覚悟してでも、多めの家賃収入を確保したい」という人は管理委託契約、「家賃が少し減ったとしても、空室リスクは何が何でも避けたい」という人はサブリース契約を選択するのが望ましいと言えそうです。

リンクスの場合はどちらを選択しているオーナーさまが多いかというと、じつは、9割以上の方が管理委託契約である「おまかせプラン」を選んでおられます。

これは、当社が「大阪中心6区」という、もともと入居者の付きやすいエリアで、しかも築年数10年未満の築浅の物件を中心に扱っていることが大きな理由だろうと思われます。先ほども述べたように、「大阪中心6区」のワンルームマンションを販売している不動産会社は、当社だけでなく、そのほとんどが95％以上の入居率を確保しています。

空室リスクをあまり心配しなくてもいいので、家賃収入がより多く確保できる管理委託契約を結ぶ人が多いのでしょう。

当社の場合、どうしても空室リスクが心配な方には「あんしんプラン」（サブリース契約）をお勧めしていますが、契約更新時に「おまかせプラン」（管理委託契約）に変更できるオプションも用意しています。

さらに、新築ワンルームマンションに関しては、最長35年の空室保証と将来的にかかる内装工事費を当社が負担するサービスの付いた「あんしんプラン　プレミアム」（修繕保証付きサブリース契約）も２０１４年より始めました。このプランであれば、ほとんどのリスクをカバーでき、サービス導入以来、非常にたくさんの方々に喜ばれています。

いい不動産管理会社を選ぶことは、いい物件を選ぶのと同等以上に、ワンルームマンション投資においてとても大切です。

20年、30年と長期にわたって安定した家賃収入を確保したいのであれば、安心して管理を任せられる不動産管理会社を選択すべきでしょう。

できることなら、そもそものマネープランから、物件の選択、取得後の管理まで、トータルで相談に乗ってくれる会社を選ぶのが理想です。

将来設計の成否を分ける非常に重要なポイントなので、不動産会社選びはくれぐれも慎重に行いたいものです。

第5章

大阪のワンルームマンション投資で成功した人とは？

20代から50代まで ワンルームマンション投資の実例

20代から始めれば 毎月約20万円の老後の安定収入源も

この章では、これまでのまとめとして、実際に大阪でワンルームマンション投資を始めた方たちの実例を紹介しましょう。

ワンルームマンション投資は、できることなら早めに始めたほうが望ましいとは思いますが、40代、50代から始めても「遅すぎる」ということはありません。

ここでは、20代から50代までの7例を紹介します。

【事例１】20代で始める、新築３室で将来の保障づくり（29歳・大阪府在住）

プロフィール

・**家族構成**　Ａさん（医療関係）、独身

・**世帯年収**　５８０万円

・**投資物件①**　大阪市淀川区（新築　25㎡）

取得価格　１８７０万円（自己資金　10万円）

ローン額　１８６０万円　金利　１・７％

月々返済額　５８７９０円

家賃収入　６７０００円

月々の収支（家賃－ローン、管理費、修繕積立金など）▲２７０円

・**表面利回り**　４・30％

・**投資物件②**　大阪市福島区（新築　24㎡）

取得価格　１９８０万円（自己資金　10万円）

ローン額　1970万円　金利　1・7％
月々返済額　62267円
家賃収入　69500円
月々の収支（家賃－ローン、管理費、修繕積立金など）▲97円

・表面利回り　4・21％

・投資物件③　大阪市中央区（新築　25㎡）
取得価格　2050万円（自己資金　10万円）
ローン額　2040万　金利　2・0％
月々返済額　67577円
家賃収入　73500円
月々の収支（家賃－ローン、管理費、修繕積立金など）▲2227円

・表面利回り　4・30％

医療関係に勤務し、時間が不規則でハードな毎日を送りつつ、休日の買い物や旅行が趣

味という、いわゆる今どきの20代女性のAさん。

独身でも将来のために何か資産運用をしなければと考えましたが、潤沢な貯金もないため、自己資金が少額でも始められるワンルームマンション投資を始めました。

生命保険代わりと将来の安定した収入源づくりを目的に、自分年金として、空室と修繕リスクなく購入できる弊社の修繕保証付きサブリースプラン（あんしんプランプレミアム）で契約。与信枠をフルに活用し、新築ワンルームマンションを新大阪、福島区、中央区で計3件購入しました。

月々の収支は3室合計でマイナス2500円ほど。5900万円の死亡保証がつく生命保険料を払っていると考えれば安いものです。さらに、節税での還付金を考慮すれば、固定資産税を払っても実質負担はほとんどなく、むしろプラス収支になります。

Aさんは仕事と趣味のワークライフバランスを上手くとりつつ、資産運用の方もしっかり計画を立てており、20代にして5000万円強の生命保険代わりがありながら、ローンが終われば、毎月約20万円の副収入という老後の安定収入源をすでに確保できているのです。

物件の複数所持でリスクを分散キャッシュを生み出す

【事例2】分散投資として、自己資金を使わずにできるのが魅力！（35歳・大阪府在住）

プロフィール

・家族構成 Bさん（製薬会社勤務）、妻（同、育休中）、子ども2人

・世帯年収 900万円

・投資物件① 大阪市中央区（築2年　22㎡）

取得価格　1620万円（自己資金　120万円）

ローン額　1500万円　金利　1・65％

月々返済額　47038円

家賃収入　64000円

月々の収支（家賃－ローン、管理費、修繕積立金など）9982円

・表面利回り　4・74％

・投資物件②　大阪市北区（新築　23㎡）
取得価格　1850万円（自己資金　100万円）
ローン額　1750万　金利　1・7％
月々返済額　55313円
家賃収入　67000円

月々の収支（家賃－ローン、管理費、修繕積立金など）4017円

・表面利回り　4・35％

・投資物件③　大阪市中央区（新築　25㎡）
取得価格　1990万円（自己資金　50万円）
ローン額　1940万　金利　1・8％
月々返済額　62292円
家賃収入　71500円

月々の収支（家賃－ローン、管理費、修繕積立金など）９６８円

・表面利回り　４・31％

・投資物件④

大阪市北区（築7年　22㎡）

取得価格　１５５０万円（自己資金　10万円）

ローン額　１５４０万円　金利　１・９％

月々返済額　５０２２８円

家賃収入　７０３００円

月々の収支（家賃－ローン、管理費、修繕積立金など）９４７２円

・表面利回り　５・44％

将来の年金をあてにできないということで、株式や投資信託などの金融商品を運用してきたBさん。

分散投資として不動産投資を検討し始めましたが、自己資金をほとんど使わずにできるということで、レバレッジ効果を生かし、初年度は中古と新築を1室ずつの2室からスタ

ートしました。

中古は収益目的、新築は節税目的で運用して、それぞれのメリットとリスクを1年間体感した上で、翌年も中古と新築を1室ずつ追加購入し計4室のオーナーに。

毎月約2・5万円、年間約30万円のプラス収支になり、節税効果も4室で40万円ほどあり、不動産を使ってキャッシュを生み出しています。

与信枠というサラリーマンだからこそ組めるローンを最大限に利用して、物件を複数所有することでリスクを分散しています。さらに、プラスの収益と税金還付を貯金に回しながら、それを積立NISA等で運用していくというように、かなり効率よく運用されています。

家族のために将来の資産づくりを

【事例3】家族のための保障づくりとして中古5室でスタートするも、2室を転売し、中古3室と新築2室にアップデート!?（39歳・東京都在住）

プロフィール

・家族構成　Cさん（地方公務員）、妻（専業主婦）、子ども一人

・世帯年収　600万円

・投資物件①　大阪市中央区（築14年　29㎡）

取得価格　1440万円（自己資金　50万円）

ローン額　1390万円　金利　1・85％

月々返済額　47990円

家賃収入　78000円

月々の収支（家賃－ローン、管理費、修繕積立金など）16820円

・表面利回り　6・50％

・投資物件②　大阪市中央区（築12年　23㎡）

取得価格　1330万円（自己資金　50万円）

ローン額　1280万円　金利　1・85％

月々返済額　42290円
家賃収入　69500円
月々の収支（家賃－ローン、管理費、修繕積立金など）14350円

・表面利回り
6・27％

・投資物件③
大阪市天王寺区（築19年　19㎡）
取得価格　880万円（自己資金　30万円）
ローン額　850万　金利　1・9％
月々返済額　33557円
家賃収入　53400円
月々の収支（家賃－ローン、管理費、修繕積立金など）5323円

・表面利回り
7・28％

・投資物件④
大阪市中央区（新築　25㎡）
取得価格　1990万円（自己資金　10万円）

ローン額　1980万円　金利　1・9％
月々返済額　54576円
家賃収入　71500円

月々の収支（家賃－ローン、管理費、修繕積立金など）8774円

・**表面利回り**　4・31

・**投資物件⑤**　大阪市西区（新築　24㎡）
取得価格　1980万円（自己資金　200万円）
ローン額　1780万円　金利　1・975％
月々返済額　58737円
家賃収入　71500円

月々の収支（家賃－ローン、管理費、修繕積立金など）3793円

・**表面利回り**　4・33％

息子さんが産まれたことがきっかけでマンション投資を始めたというCさん。もし仮に

自分に何かあった場合、奥様と息子さんに何も残せないという危機感から、形として残り、家族の生活を支える資産をつくりたいと考えたそうです。

あわせて将来にむけて、時間を味方にし、お金を稼いでくれる仕組みをつくることで、不労収入というキャッシュポイントを増やせることも魅力に感じているそうです。

他の不動産投資の情報なども調べたもののあまりピンとくるものがなく、誰から買うかという観点から、しっかりとした情報を基にサポートの充実した会社ということでわたし（弊社）を選んでくださり、立て続けに中古5室を購入されました。

ただ、購入して2年の間に入居者の入れ替えがあり、新しい入居者は1ヵ月ほどですぐに決まったものの、内装工事代がかかるなどの出費が増えてしまいました。少しでもリスクを減らせないかということで、初めに購入した中古の5室のうち2室を、ローンの残高と諸経費分を加味して少し利益の出る価格で売却し、その後空室と修繕リスクのないプランの使える新築2室へ買い替えることができました。しかも、銀行から45年ローンが新たに登場したことで、新築でもキャッシュフローがプラスで持てたため、見事に所有物件をより条件のいいものにアップデートしました。

このように、弊社ではポジティブな売却相談が最近増えてきております。売却をお考えの方も、是非弊社にお問い合わせください。わたしが査定いたします。

節税をして安定経営と収支重視の経営
夫婦で別々のプランで運用も可能

【事例4】夫婦とも2室ずつ所有しお互いの生命保険代わりに（33歳・神奈川県在住）

プロフィール

・家族構成 Dさん（経営コンサル会社勤務）、妻30代（外資系メーカー勤務）

・世帯年収 1250万円（主人700万円、奥様550万円）

【Dさん】

・投資物件① 大阪市中央区（新築 25㎡）

取得価格 2040万円（自己資金 10万円）

ローン額 2030万円 金利 1・975％

月々返済額　66986円
家賃収入　73000円
月々の収支（家賃－ローン・管理費、修繕積立金など）▲2226円

・表面利回り　4・29％

・投資物件②　大阪市福島区（築22年　20㎡）
取得価格　870万円（自己資金　70万円）
ローン額　800万円　金利　1・9％
月々返済額　26092円
家賃収入　53310円
月々の収支（家賃－ローン・管理費、修繕積立金など）10887円

・表面利回り　7・35％

【妻】

・投資物件③　大阪市北区（築10年　21㎡）

取得価格　1480万円（自己資金　50万円）
ローン額　1430万円　金利　1・9％
月々返済額　46640円
家賃収入　66500円

月々の収支（家賃－ローン・管理費、修繕積立金など）8950円

・表面利回り　5・39％

・投資物件④
大阪市中央区（築15年　22㎡）
取得価格　1240万円（自己資金　20万円）
ローン額　1220万円　金利　1・975％
月々返済額　40257円
家賃収入　62000円

月々の収支（家賃－ローン・管理費、修繕積立金など）9582円

・表面利回り　6・00％

DINKS（結婚後、子どもを持たずに、夫婦とも職業活動に従事するライフスタイル）のDさんは、夫婦それぞれの与信枠を利用し、お互いの生命保険代わりという目的で購入いただきました。

当初は東京で探していましたが、価格が2倍ほどで高いので所有件数が限られてしまい、複数所有によるメリットが受けられないため、弊社にて大阪の物件を選ばれました。

節税のメリットも大きい大阪の新築1室から始まり、2室目は収益性を求めて築年数古めで福島区の870万円の物件を購入。こちらは、キャッシュフローが1万円以上プラスになったため、新築の収支マイナスを補いつつ、早期完済を視野に入れ、金利上昇リスクを取り除くことで、安定経営を考えていらっしゃいます。

奥様は将来出産などで退職の可能性があるため、節税は考慮せずに中古を2室購入し、月18500円のプラス収支で運用しています。共に30代前半なので、少額の自己資金でスタートをしても無理のない収支を毎月維持する事ができ、定年までにローンを返済することが可能なので、やはり若いうちに始めるのは有利です。

弊社のイベントや食事会にもご夫婦で積極的にご参加いただき、こういうお付き合いを末永くしていけることがわたしにとって大変幸せです。

大阪マンション投資への決め手は弊社に対する信頼

【事例5】節税目的で、東京・札幌での新築不動産投資歴10年でついに大阪の物件を購入！（43歳・大阪府在住）

プロフィール

- **家族構成**　Eさん（報道関係勤務）、妻（専業主婦）
- **世帯年収**　1300万円
- **投資物件①**　大阪市中央区（新築　25㎡）
  取得価格　2070万円（自己資金　70万円）
  ローン額　2000万円　金利　1・7％
  月々返済額　63215円

家賃収入　74000円

月々の収支（家賃－ローン、管理費、修繕積立金など）2635円

・**表面利回り**　4・29％

・**投資物件②**

大阪市西区（新築　24㎡）

取得価格　1970万円（自己資金　170万円）

ローン額　1800万円　金利　1・7％

月々返済額　56894円

家賃収入　71500円

月々の収支（家賃－ローン、管理費、修繕積立金など）5846円

・**表面利回り**　4・36％

東京の大学を卒業し、大阪市内の会社に就職して20年超というEさんは、不動産投資を30代からスタートして10年になりますが、今まで大阪での投資に踏み切るだけの決め手が無く、大阪市内のマンション投資は避けてこられました。

Eさんは、〝大阪のワンルームマンション投資に特化した〟拙書『ファイナンシャルプランナーが教える「大阪」ワンルームマンション投資術』を見つけていただき、そして続編の『ファイナンシャルプランナーが教えるいま大阪ワンルームマンション投資を始める理由』も合わせて2~3回ずつ読み倒していただいていたそうです。3色の付箋が沢山貼られ、ここまで読み込まれていたことは初めてでしたので、つい写真を撮らせていただいたのを鮮明に覚えております。

大阪では、中国や韓国からのいわゆるインバウンド需要が爆発的な勢いで増え続けることで、東京以上に深刻なホテル不足となっています。そのホテルの建設ラッシュが進むことで、新築のワンルームマンションの供給が抑え込まれているため、必然的に単身者のワンルーム需要を十分に満たせていないという現状がありました。それが大阪での投資を決断する大きな理由のひとつだったそうです。

そして弊社にお電話いただき、「著者に会いたい、会って直接聞いてみたいことがある」ということで、わたしが直接面会させていただきました。2度3度お会いする中、わたしが出張で不在だったために、他のスタッフが対応したこともありましたが、その対応・知識も確かなものがあると認めていただいたようで、大阪でマンション投資をするならば、弊社にしようと決めてくださいました。

そのEさんから今回の書籍の刊行に際し、ありがたいお言葉をいただきました。

「大阪に先行して京都や札幌でマンション投資を取り組んできた経験則として気付いた重要なポイントであり、安心して投資できる要素は、販売会社や管理会社がそのエリアに精通しているか。同時にそのエリアに根を張ってサービスを展開しているかどうかです。なぜなら大きな会社であると、良い担当者であっても人事異動で配置転換してしまう恐れがあるためです。京都であれ、札幌であれ、大阪であれ、そのエリアに根を張って展開している会社であればあるほどウラを返せば〝逃げ場がありません〟。

それだけに信頼が命。その姿勢は社長である毛利氏だけではなく、他の営業マンひいてはお茶を出してくださる末端のスタッフさんに至るまで感じたからこそ、この会社での投資を決めました。

また、オーナー同士の交流会があるのも気に入っております。普通はなかなか開催しないと思います。なぜなら横の繋がりができることで『変に徒党を組まれたら困る』と思う会社もあるからです。〝自社物件を購入したオーナー同士の交流会を開催し、どんどん輪を広げてください〟というスタンスにも、会社としての自信と信頼の表れを感じております」

スタッフまで褒めていただき恐縮ですが、リンクスの代表としてこれからも、皆さまの期待を裏切らないようスタッフ一同努力精進していきます。

不動産で有効な資産運用にとどまらずさらに資産を増やし続ける

【事例6】勤務医でありながらも、将来の保障づくりで不動産投資をスタート
法人も設立し8室所有しつつ今後も追加希望（35歳・関西在住）

プロフィール

・**家族構成**　Fさん（勤務医）、妻（専業主婦）、子ども

・世帯年収 1700万円

・投資物件① 大阪市北区（築7年 25㎡）
取得価格 1420万円（自己資金 430万円）
ローン額 990万円 金利 1・7％
月々返済額 31291円
家賃収入 68920円

月々の収支（家賃－ローン・管理費、修繕積立金など）26199円

・表面利回り 5・82％

・投資物件② 大阪市北区（築9年 23㎡）
取得価格 1390万円（自己資金 750万円）
ローン額 640万円 金利 1・775％
月々返済額 20228円
家賃収入 70000円

月々の収支（家賃－ローン・管理費、修繕積立金など）36461円

・**表面利回り**　6・04％

・**投資物件③**　大阪市北区（築8年　22㎡）

取得価格　1380万円（自己資金　750万円）

ローン額　630万円　金利　1・775％

月々返済額　20149円

家賃収入　67500円

月々の収支（家賃－ローン・管理費、修繕積立金など）35101円

・**表面利回り**　5・86％

・**投資物件④**　大阪市中央区（築6年　20㎡）

取得価格　1290万円（自己資金　500万円）

ローン額　790万円　金利　1・775％

月々返済額　25266円

家賃収入　60000円

・**表面利回り**　5・58％

月々の収支（家賃－ローン・管理費、修繕積立金など）25513円

35歳の勤務医Fさんは、奥様とお子様という家族と、マイホームもあり、何不自由ない生活を送られているイメージですが、医師という仕事柄、医療ミス訴訟、医師不足による仕事量の増加などの業界リスクから将来の不安を感じ、不動産投資を始められたとのことです。

節税対策として個人名義で新築4室を所有していたそうですが、どうしても収支面が悪いため、中古も所有しようと検討されました。大阪で場所のよい不動産を子どもに残してあげたいという想いで、他社との比較を重ねられた結果、立地にこだわる弊社を選択されました。

自己資金をなるべく2割、3割入れて、金利優遇を受けることで、ローン額も少なくなり、金利上昇リスクも減少できています。

現金を銀行に預けるよりも不動産で有効に資産運用するだけでなく、ローン返済後に金利経費を出せなくなるため、所得税対策として資産管理会社も設立したそうです。

今後も継続的に件数を増やしていく予定とのことで、どこまで増やされるのかわたしも楽しみにしています。

1000万円程度の物件なら50代からでも購入可能

【事例7】50代サラリーマンも遅くない！株式・FXから不動産投資へ（53歳・大阪府在住）

プロフィール

・家族構成 Gさん（建設業勤務）、妻（パート）、子ども3人

・世帯年収 1300万円

・投資物件① 大阪市北区（築16年 21㎡）
取得価格 1150万円（自己資金 10万円）
ローン額 1140万円 金利 1・9％

月々返済額　42634円
家賃収入　64000円
月々の収支（家賃－ローン・管理費、修繕積立金など）7706円

・表面利回り
6・67％

・投資物件②
大阪市北区（築8年　20㎡）
取得価格　1460万円（自己資金　10万円）
ローン額　1450万円　金利　1・9％
月々返済額　51608円
家賃収入　69000円
月々の収支（家賃－ローン・管理費、修繕積立金など）6762円

・表面利回り
5・67％

・投資物件③
大阪市中央区（築14年　22㎡）
取得価格　1300万円（自己資金　10万円）

ローン額　1290万円　金利　1・9％
月々返済額　46397円
家賃収入　65000円

月々の収支（家賃－ローン・管理費、修繕積立金など）6583円

・表面利回り　6％

大学卒業後、建設関係に28年務めてきたGさんは、奥様の父親が入院し要介護状態となったのをきっかけに、自分は自立した老後を送り、子どもや家族に迷惑かけないようにするために不動産投資を考え始めたそうです。

もともと、福島県で自宅として保有していた分譲マンションを、転勤後ずっと賃貸に出していたことや、株やFXを長年していましたが、値動きに一喜一憂し、結局塩漬け状態なっていたことなどを理由に、ワンルームマンション投資をしようと考え、東京・大阪で複数の不動産会社のセミナー・個別相談に参加して、まずは東京で2室購入。その後、弊社のセミナーにも参加いただき、リスク中心の話で好感が持てたこと、物件に関しても、会社が販売したい物件ではなく、あくまでも自分の希望に沿った物件を紹介してくれたこ

とで、弊社に好印象を持っていただき、弊社で物件を購入していただきました。

これから不動産投資を始めようとされている皆さまへ、Gさんからのアドバイスとして、

「知識を増やすことよりセミナーや個別相談を積極的に参加する行動力が重要です。ネットの情報はどこにでもある情報なので、まずは信頼のおける不動産会社及び担当者を見つけることが先決です。株式・FXは自分ではどうしようにもできないが、不動産は自分である程度コントロールできるため安心。そして何より、本業に差し支えなく、管理運営は管理会社にアウトソーシングできることがサラリーマンにとってメリットです。インフレ時代になっているため、現金だと目減りするが、現物資産である不動産はインフレに強いので効果的なのと、不動産を持つことで、税金・社会保障制度などをよく知ることで、いろいろなことがわかるので面白い」

とのこと。

弊社のお客さまは、非常に協力的な方ばかりで、今回紹介させていただいた7人の方以外もたくさん立候補いただきました。スペースの都合もあり、全てをご紹介できませんが、あとは弊社の勉強会やイベントでも交流していただけますので、その際にお聞きいただければと思います。

おわりに

本書を最後までお読みいただきまして、誠にありがとうございます。

わたしは、2015年ごろから趣味でトライアスロンを始め、選手として大会に出る傍ら、2017年に世界で初めてお城の濠で泳ぐ国際大会として「大阪城トライアスロン大会」を立ち上げ、運営をさせていただいております。2018年も無事に2回目の大会を終え、今後も継続的に開催する予定です。

また、リンクスは「2025日本万国博覧会誘致委員会」のオフィシャルサポーターとして微力ながら活動し、2025年の万国博覧会が大阪に決定したことは、非常に嬉しく思っております。

わたしは〝大阪愛〟がすごいと言われることもありますが、とにかく大阪を盛り上げ、そしてその結果、大阪の不動産価値をもっともっと上げたいと思っておりますし、十分できると心から思っております。

これから大阪は万博とIR（カジノを含む統合型リゾート）の開業に向けてのインフラ整備と、インバウンドの増加でさらに雇用の大幅な増加が見込まれます。

つまり住宅の需要が増える反面、大阪中心6区ではホテル建設ラッシュでワンルームマンションの供給が激減するでしょう。

それによって、都心部では少しずつ家賃が上がっていきます。現にその傾向が北区や中央区では既に出始めております。今後は、不動産業界としても家賃を上げていく動きももっと必要ですし、ひいてはそれが不動産のバリューアップにつながり、お客さまに喜んでいただけることになります。

最近は日本全国、深刻な人手不足で、ホテル業や飲食業をはじめいろいろな業界で人手不足による稼働率の抑制が行われ、ひどいところは、閉店や廃業に追い込まれているというニュースも目にします。建設業界でも職人不足と建築資材の不足で、建築費は高騰し、工期が延びるという状況です。ホテルの予約が全然取れないとか、宿泊料が高騰しているというのと同じく、これからは大阪中心6区の住宅、特にビジネスホテルの立地と競合する都心部のワンルームマンションに関しては供給が減少し、家賃や価格が上がりやすい環境になるのはほぼ確実でしょう。

大阪はこういった良い環境にありますので、逆に言うとそう簡単に物件価格が下がりにくいわけですから、既に物件をお持ちの方は、今のまま収益を保ちながら、２０２５年の万博開催までしばらくは様子を見ておくほうがいいでしょう。決して急いで損切りしてまで売るというタイミングではありません。どうしても売りたい場合は是非わたしにもご相談ください。できる限り適正な価格での販売、もしくは買取をさせていただきます。

また、まだこれから不動産投資を始めようという方は、とにかく場所のいい物件をお持ちいただき、購入した時点がゴールではなく、さらに収益を上げるべく、家賃を上げられるような管理をしていくことをお考えいただければと思います。弊社は、まずそれができそうな物件のみをこれからも仕入れ続けていきたいと思っております。

そして、お客さまの「ライフスタイルプランナー」として、不動産を通じて一生のお付き合いをさせていただけるよう努力精進し、これからもお客さまと共に成長していければと思っております。

最後にもう一度改めまして、本書をお読みいただきました皆さまが、「大阪」に一層ご興味をお持ちいただき、「大阪」ワンルームマンション投資を通じて、大阪・関西をもっと元気で面白い街にできれば幸いです。ありがとうございました。

2019年2月

株式会社リンクス　代表取締役
毛利　英昭

リンクスの取扱物件の一例

物件所在地	価格	専有面積	築年月	家賃	利回り
大阪市福島区海老江3丁目	930万円	19.14㎡	2000年11月	58,000円	7.4%
大阪市福島区福島8丁目	870万円	20.53㎡	1997年3月	53,310円	7.3%
大阪市西区靭本町3丁目	1,070万円	21.02㎡	1999年2月	60,000円	6.7%
大阪市北区池田町	1,150万円	21.09㎡	2001年12月	64,000円	6.6%
大阪市中央区瓦町1丁目	1,300万円	22.57㎡	2004年10月	65,000円	6.0%
大阪市天王寺区伶人町	1,380万円	26.07㎡	2006年10月	69,500円	6.0%
大阪市浪速区下寺1丁目	1,790万円	30.85㎡	2011年1月	87,540円	5.8%
大阪市北区松ヶ枝町	1,490万円	25.80㎡	2005年2月	72,000円	5.7%
大阪市中央区南久宝寺町1丁目	1,280万円	20.65㎡	2008年2月	60,000円	5.6%
大阪市西区新町4丁目	1,450万円	22.43㎡	2013年9月	68,000円	5.6%
大阪市北区紅梅町	1,550万円	22.40㎡	2011年6月	70,300円	5.4%
大阪市中央区瓦屋町2丁目	1,510万円	23.10㎡	2015年9月	66,500円	5.2%
大阪市西区南堀江4丁目	2,030万円	24.97㎡	2017年7月	77,000円	4.5%
大阪市中央区内久宝寺4丁目	2,140万円	25.47㎡	2018年2月	80,000円	4.4%

株式会社リンクス　http://www.linx-osaka.co.jp/

将来の保障づくりとしてのマンション経営
お客さまの夢を実現させるライフプランを提案させていただき
社会に貢献する企業としてお客さまと共に成長し続けます。

会社概要

大阪本社　〒541-0046
大阪府大阪市中央区平野町1丁目7番3号
BRAVI北浜7階
TEL 06-6222-3400
FAX 06-6222-3401

東京オフィス　〒105-0004
東京都港区新橋4丁目21番3号
新橋東急ビル2階
TEL 03-6895-7420
FAX 06-6222-3401

創　業　2009年5月8日

代表者　毛利 英昭

資本金　3000万円

事業内容　不動産の売買・賃貸・管理、及び仲介・販売代理
不動産のリノベーション事業
ファイナンシャルプランニング業務
損害保険代理業及び生命保険の募集に関する業務

宅地建物取引業免許　国土交通大臣（1）第8717号

改訂版
ファイナンシャルプランナーが教える
「大阪」ワンルームマンション投資術

2019年2月27日　第1刷発行

著者　　　毛利 英昭
発行　　　ダイヤモンド社
　　　　　〒150-8409　東京都渋谷区神宮前6-12-17
　　　　　http://www.diamond.co.jp/
　　　　　電話／03-5778-7235（編集）　03-5778-7240（販売）
編集協力　渡辺 賢一
　　　　　石田 修平、高橋 香菜（リライアンス）
装丁　　　平田 毅
制作進行　ダイヤモンド・グラフィック社
印刷･製本　三松堂
編集担当　前田早章

ISBN 978-4-478-10737-9

本書は投資の参考となる情報の提供を目的としております。投資にあたっての意思決定、最終判断はご自身の責任でお願いいたします。本書の内容は2019年1月29日現在のものであり、予告なく変更されることもあります。また、本書の内容には正確を期する万全の努力をいたしましたが、万が一の誤り、脱落等がありましても、その責任は負いかねますのでご了承ください。